人物叢書

新装版

加藤弘之

かとうひろゆき

田畑忍

日本歴史学会編集

吉川弘文館

加藤弘之銅像（東京・上野・日本学士院蔵　著者撮影）

加藤弘之肖像（明治三十九年六月、満七十歳　著者蔵）

加藤弘之筆蹟（「太陽」明治四十年六月十五日・十三巻九号、明治名著集所載）

加藤弘之筆蹟（『加藤弘之自叙伝』所載）

はしがき

私が、加藤弘之の国家思想と、転向的性格等に学史的な興味を抱き始めたのは、昭和十年前後のことである。爾来、その研究の結果を、『同志社論叢』その他に発表してきたのであるが、その頃、私の弘之観に賛意を表し、激励して下さったのは、加藤弘之博士を知っておられた先輩の故深井英五氏（当時日本銀行総裁）であり、私の明治政治思想史の研究は、このようにして緒に就いたのである。故中島重博士（同志社大学教授）からも資料や激励を賜わったことを私は今更の如くに想起する。

その後、この研究のうちの若干をまとめて、一冊にしたものが、恒藤恭博士（前大阪市立大学学長）の御芳志により、河出書房から刊行した拙著『加藤弘之の国家思想』（B6版、二二三頁）である。その頃の弘之研究は、だいたいにおいて初期のものに限定されていた観がある。これ対して拙著は、弘之の生涯を通しての国家思想の発展の跡づけをしたものであり、『強者の権利の競争』をとくに評価した点に特色があった、といえよう。そののち数年を経て（昭和十七年）、日本評論社の美作太郎氏の依頼により、「明治文化叢書」の一つとしての『強者の権利の競争』の復刊版（B6版、解題を含めて三二四頁）に、解題（一二四頁）を執筆することになり、一夏私は叡山に通ってこの仕事を果すことができた。そのさい、事前に、東京帝国大学図書館の司書をされていた増田七郎文学士と、その令兄で加藤家当主の加藤成之氏（当時男爵）から種々便宜を与えられる機会に恵まれ、資料若干も拝借し、また東京帝国大学図書館所蔵の草稿類を見せていただくことにもなり、『強者の権利の競争』の学史的価値についてのいっそうの自信を強め得たのである。それとともに、さらに弘之の論争に関心をもつようになり、右の解題では、「民撰議院論争」と、「人権新説論争」に可成りの頁を割いて、論争家たりし弘之の面目を鮮明にしよう、と試みたのであった。

この「人物叢書」中の本書においても、かような私の考えは、いっこうに変っていない。かくして彼の著作と思想の第二編では、「人権新説論争」を比較的に大きく扱い、そして第三編では、彼が晩年に力を注いだ「キリスト教論争」を、とくに大きく取扱った次第である。しかしもちろん、指定の四百枚では、その生涯における数多くの論争を詳しく吟味している余裕のあろう筈はない。それから、第一編の彼の生涯についての概述は、学友の平林一文学士（大学の卒論に加藤弘之論を書いた）をわずらわして、私の従来発表したものに拠っていただきつつ、その独自の研究と見解をも加えてもらって、さらにそれを私が検討し、私の責任で私流のものに変形した。略年譜・弘之著作一覧・弘之研究文献の作製もまた、同様にして出来上ったものである。ここに記して、同君に感謝とお詫びを申し上げたい。

　また本書に挿入した写真の中には、私の撮影したものもあるが、住谷悦治博士（同志社大学教授）と岩井文男君（同志社大学教授）の御好意によるもの、横井増次博士（中央大学工学部長）の撮影して下さったもの、同志社大学研究所の好意でマイクロフィルムによったもの、同志社大学法学部のリコピーによったもの等々があり、かつて加藤成之氏からいただいた加藤弘之博士満七十歳のときの写真（口絵）もあって、私は今これらすべての関係の方々に対し、心からなる感謝をささげたい、と思う。

また、大久保利謙氏（名古屋大学教授）を始めとして、加藤弘之研究の先輩、年若き同学の既知及び未知のすべての方々の学恩を想い、更めてここに深い敬意を表明したい、と思うものである。

昭和三十四年六月

田畑　忍

目次

口絵

挿図

出生

弘之の生地兵庫県出石附近の山川

第一 生涯

一 学習時代

加藤弘之は天保七年（一八三六）六月二十三日、但馬の国出石（いずし）城下（兵庫県出石町）の谷山町に仙石藩の藩士の子として生まれた。父は加藤正照（まさてる）（四郎兵衛）、母は錫子（すず）といって同藩山田孝徳の娘である。長子として生まれた彼は、加藤家十一代目たることを表わす意味で土代士（とよし）と命名され、のち（安政三年）弘蔵と称することにな

家系

弘之出生の家（兵庫県出石町）

った。実名は初めに成之（よしゆき）、のちに誠之（あきゆき）と呼び、明治元年に弘之（ひろゆき）と改め、明治維新後は、この一名のみを称したのである。

父は藩の目付役より累進して用人に進んだ人物であるが、もともと甲州流の兵学師範役で、加藤家は小藩の出石藩（三万石）では中以上の家格であった。加藤家の初代及び二代は、氏を方穂（かたほ）と称して伊勢の国（三重県）に住み、志摩（三重県内）に移った三代目から、氏を改めて加藤と称した。のち信濃（長野県）に移り、五代目のとき藩主仙石氏の転封により但馬出石に来住したのである。その祖先は、遠くさかのぼれば、常陸の国(茨城県)北畠氏の臣下であった、と弘之自身によって考証され、「常陸より伊勢・志摩・信濃また但馬、遂に武蔵の人となりけり」と詠んでいる(『加藤弘之自叙伝』附録追遠碑建設仕末)。

彼の自叙伝中の「追遠碑建設仕末」に述べられているところによると、その系図は次の頁に示す如くである。

幕府体制の崩壊と幼少年時代

弘之の誕生した天保七年は、全国的な天保大飢饉の年で、翌年には大阪に大塩平八郎の乱がおこっている。水野忠邦による幕政改革は大塩の乱を直接の契機として促されたといわれるが、天保の十四年間における百姓一揆の一年平均件数は一、一一一であると黒正(こくしょう)巌博士は記している(『経済史研究』一七の二)。

この頃徳川幕藩体制の危機をつげる弔鐘(ちょうしょう)がなりはじめていた。明治維新への動きが始まっていたのである。弘之出生の前年の天保六年、出石藩では仙石騒動といわれる御家騒動がおこり、その御家騒動に原因する藩祿の減石(げんこく)に結果した貧

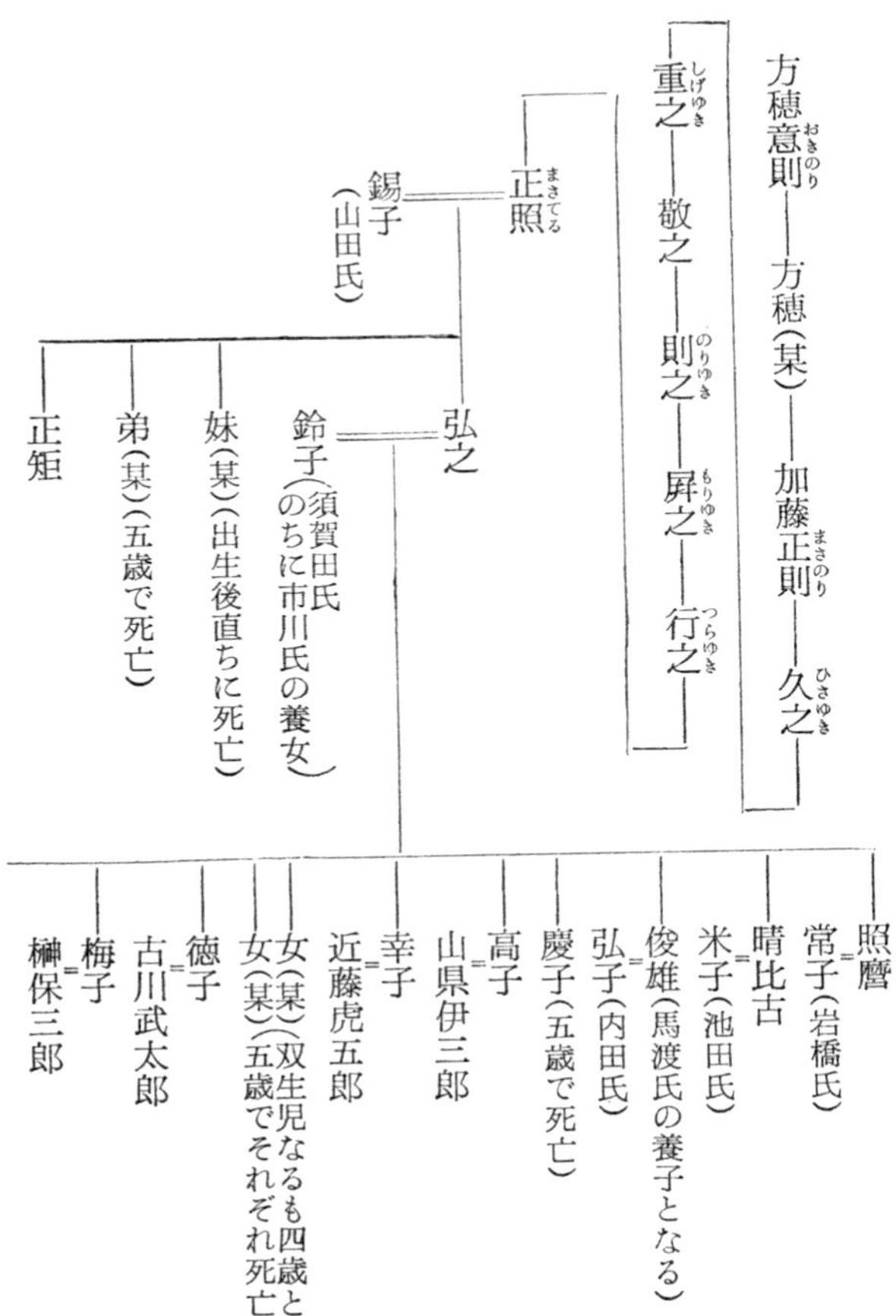
方穂意則
方穂（某）
加藤正則
久之
重之
敬之
則之
屛之
行之
正照
錫子（山田氏）
弘之
鈴子（須賀田氏
のちに市川氏の養女）
妹（某）（出生後直ちに死亡）
弟（某）（五歳で死亡）
正矩
照麿
常子（岩橋氏）
晴比古
米子（池田氏）
俊雄（馬渡氏の養子となる）
弘子（内田氏）
慶子（五歳で死亡）
高子
山県伊三郎
幸子
近藤虎五郎
女（某）（双生児なるも四歳と
女（某）（五歳でそれぞれ死亡）
徳子
古川武太郎
梅子
榊保三郎

┌久子
俵＝国一

困と、外祖父の失脚に原因した母の病弱とその早逝（享年三十三歳、彼は数え年十四歳であった）のために、彼は相当に不幸な幼少年時代を過ごさねばならなかった。しかし彼は、天賦の才幹に恵まれていたので、八－九歳の頃から文武の修練にはげみ、三－四の私塾にも通い、十歳のときには藩立の学校弘道館に入門した。

幕府的儒教

封建制度は、その構造上、必然に制度支持のための正統学を要求するものである（西田直二郎『日本文化史序説』参照）が、徳川封建社会のこのようなイデオロギーとしての役割を果したものは儒教であった。中でも朱子学は最も有力な御用的学問として採用された。すなわち五山禅林の学侶のもとを去った朱子学は、江戸昌平黌において講ぜられることになり、政教一致・現状維持の教化精神に貫ぬかれた道徳学として、次第に各藩校に拡がっていった。かくして、あらゆる社会の身分的階層をそのままに秩序づけ、すべての人間に「知足安分」の生活を送らせようとする支配者の要求が、この封建社会の隅々にまで滲透したのである。この幕府教学の棟梁たる林羅山は、「天ハ上ニアリ地ハ下ニアルハ天地ノ礼也。此天地ノ礼ヲ人ムマレナガラ心ニヱタルモノナレバ、万事ニ付テ上下前後ノ次第アリ。此心ヲ天地ニヲシヒロムレバ、君臣上下人間ミダルベカラズ」と『三徳抄 下』で教えている。このように、自然界の素朴なる事実現象を説得に利用して、封建的身分的秩序が理由づけられ、「五倫五常」の道が説かれたのである。

弘道館の学風

弘之がその少年期をおくった出石藩の藩校弘道館も、もちろん、この封建教学の外にあるものではなかった。寛政四年(一七九二)三月に弘道館に藩主からくだされた「諭示」の一部をみてもそれは明らかである。「諭示」には、「学問ハ天ノ人ニ命ジ玉フ性ノ徳ヲ知リ、人道ヲ弁ヘル事ナレバ、其人道ヲ明ラメ天ノ命ゼラルル所ニ背ザルコソ彼神明ノ徳タル正直誠敬ヲ基トシ忠孝ヲ励ミ行フニアリテ、学ブ所ノ経典皆其義ナリ。然レバ経典ハ我好忠孝ノ定規目当トイフモノナリ」、と記されている。ただし、弘道館における教学は朱子学のみでなく、徂徠学・仁斎学なども含まれていた。これは弘道館の創設が安永四年(一七七五)八月であり、元禄期より七十数年を経過していることよりきている。なぜなら、徳川幕府体制の社会的矛盾が露呈し始めた元禄期以後には、朱子学に対抗して、陽明学・古学・古文辞学派など、他の儒学流派の抬頭がいちじるしくなったからである。

文を好む

少年時代の弘之は、あまり健康ではなく、常に静かな仕事を好み、激しく運動することを嫌い、武よりも、文を好んだ。しかし、兵学師範役の家に生まれた彼は、止むを得ず、兵法・兵学を習学し、練兵・武技も習得せしめられた。また、

西洋砲術の手ほどき

彼は、この時代に藩の有志家多田弥太郎と年寄役堀新九郎について西洋砲術の手ほどきを受けて、後年における洋学勉強の下地をつくっている。このような弘之

江戸に赴く

が、父正照にともなわれて、中央から遠い出石の城下町から、初めて江戸に出た

のは十七歳の時(嘉永五年)である。そして、最初は、甲州流兵学者について、甲州流兵学を学ばせられたのである。

しかしこの時代は、外交関係も緊迫をつげており、もはや日本在来の兵術では、外敵に対して役に立たないことが漸く知られていた。すなわち弘之は、西洋兵学を学習すべく、佐久間象山の塾に入門したのである。佐久間象山は元来儒者で、蘭学者であり、かつ西洋流砲術家としての令名も高く、当時には珍らしく進歩的開国思想をもった人物であった。この象山の門で、弘之は洋式の砲術と調練を習い、また西洋書の翻訳を読んだ。ペルリの来朝は、この翌年のことであって、弘之が国許

佐久間象山

佐久間象山肖像

へ帰っている間に、象山は、その門下生であった吉田松陰の脱国事件に連座して、藩(信州松代藩)に幽閉されるにいたった。そこで、弘之が再び江戸に出た安政元年(一八五四)には、佐久間塾に入ることを不可能とした。故に、弘之が佐久間象山に学んだのは僅かに一年半位のことに終って、こんどは、芝浜松町の大木仲益の門に入り、

大木仲益

オランダ学を始める

西洋兵学よりも、その頃唯一の洋学であったオランダ学を始めることになったのである。それは彼の十九歳の時である。

大木仲益は蘭医坪井信道の高弟であり、かつ女婿であって、のちに坪井為春と改名した。仲益は、幕府の洋学校蕃書調所の教授でもあり、明治になってからは

大島圭介

医科大学の教員になった人である。弘之は、その塾長坪井真友や、大島圭介の引立てをも受け、経済上の困難とたたかいながら、学習に努めているうちに、父の逝去(安政二年)にあって帰国したが、安政三年三たび江戸に出て、再び大木塾に入門した。

苦学

弘之は、当時の学習の困難さを顧みて、自叙伝に次のように記している。

学習の事に就いても、今日の如く洋書が楽に買ひ得られるのではなく、誠に高価なるものであつたのみならず、其高価なるものさへも、決して沢山あるのではなかつたから、毎日読む書物も皆自分で写さねばならぬのである。辞書さへも写した学生が随分あつた。是れが今日の状況と全く違ふのである。例へば昔の学生は、何も角も自分で膳立をして、食事せねばならぬやうなものであつたが、今日の学生は、チヤンと膳立をして貰つて初めて箸を取るといふやうな相違である。

弘之は学習の困難のためだけでなく、貧困のためにも苦しんだ。その貧乏生活について、自叙伝は次のような珍談を伝えている。

或る時信友の墓参に、芝の塾から谷中(やなか)を寺に参る節、夏の事とて上野辺で、俄(にわか)に雷雨に遇(あ)ふて、已(や)むを得ず一の蕎麦(そば)店に入つて蕎麦を命じたが銭が足らぬので、十六文の蕎麦を一膳食ふより外に仕様なく、二膳目を取ることが出来ずして、一時間も、そこで雷雨のやむのを待つて居た。実に、きまりの悪いことであつた。又芝辺で鰻(うなぎ)屋の前を通つたときに、鰻を焼く香が鼻について、うまさうで堪へられなんだから、何の考もなく鰻屋に入つたが、価を聞いて見ると懐中の銭では到底不足で仕方がない。そこで一策を按出して、一人の朋友が来る筈であるに未だ来ぬから一寸さがして来ると虚言(うそ)をついて、鰻屋を出てホツト息をついたこともあつた。其外綿なしの敷蒲団を用ひたこともあり、又衣服を洗濯させるに着換がなくて、こまつたことも随分あつた。

右の二つの文章は、貧苦のうちにも、学問への情熱を傾けていた若き日の弘之の姿を彷彿(ほうふつ)として浮び出させるものがある。

蕃書調書教授手伝

弘之は二十五歳になった万延元年(一八六〇)三月十日、恩師らの推薦によって、幕府より蕃書調所教授手伝(洋学校の助教員)に雇用され、学校の蔵書を自由に読み得ることとなり、大いにその好学の志を伸ばすことができるようになった。そして彼が、兵学を廃して哲学・倫理学・法学等を専攻するにいたったのは、実に蕃書調所に買入れられた蘭・英のこれらの書物に興味を以て接し得た結果にほかならない。

二　蕃書調所

幕末における洋学の幕府への集約は、具体的には、幕府の海防施設の用意を背景として現われた一つの権力的現象である。天保以降、弘化・嘉永にかけて、特に米国使節の来航を頂点として、西洋式軍備の強化のため、あらゆる手段が動員された。幕府の、この意図とともに、諸雄藩もまた競って、西洋流軍備を設けんとして力を入れた。かくて、江戸の洋学塾も、京・大阪のそれも、西洋医術家の養成施設というよりもむしろ兵学者養成所の観があり、塾の洋学生は、学成るとともに、幕府または諸藩に登用された。かようにして幕府は、洋学の研究者を、その掌中に収めるとともに、更にその養成自体を民間に委ねることを好まず、諸藩またこれにならったのである。こうした洋学政策の所産として、幕府の蕃書調所が設立されたわけである。それは安政三年のことであるが、最初正式に決定

蕃書調所の陣容

された教授陣容は次の如くである。

教授職　箕作阮甫（津山藩医）
　　　　杉田成卿（小浜藩医）

教授手伝　高畠五郎（徳島藩士）
　　　　松木弘安（鹿児島藩医）
　　　　東条英庵（長門藩医）
　　　　原田敬策（備中浪人、伊東玄朴門人）
　　　　手塚律蔵（佐倉藩士、佐波銀次郎厄介）
　　　　川本幸民（三田藩医）
　　　　田島順輔（安中藩士）

以後、その陣容は逐年補充強化されて、慶応二年（一八六六）十二月には、教授職及び教授職並として

川本幸民・杉享二・東条礼蔵（英庵）・高畠五郎・市川斎宮・堀達之助・何礼之助・加藤弘蔵（弘之）・西周助・津田真一郎・柳川春三

が加えられたのである（沼田次郎『幕末洋学史』）。

弘之は蕃書調所に用いられることによって俸給十五人扶持、一年十両（後に二十人扶持、金十五両）を得ることになり、生活もいちおう定まったので、文久二年（一八六二）十一月、二十七歳の時、下野佐野（栃木県佐野市）の人須賀田岩蔵の娘であり、友人市川斎宮の養女である鈴子と結婚した。もちろん、その生活は十分に安易なものではなかった。

結婚

西周助肖像

いうまでもなく、この時代は、幕末の物情殊に騒然たる頃であって、安政五年にはいわゆる安政の大獄があり、橋本左内・頼三樹三郎・吉田松陰らの志士が処刑されたのは翌六年のことであり、既に攘夷論のさ中に五ヵ国通商条約が締結されて神奈川・函館等の開港をみ、更に万延元年(一八六〇)には伊井大老が桜田門外において水戸浪士に刺殺されるという目まぐるしい時勢であった。そして弘之と対比して考えられる福沢諭吉が第一回の渡米を終えて帰朝した年も安政六年であった。福沢がそうであったように、弘之も開国論者であった。この頃すでにオランダ学のほかに、イギリス学・フランス学等が始められていたのであるが、弘之はイギリス学にも興味をもっていた。然し福沢の如くには深入りをせず、間もなく誰もがあまり注意しなかったドイツ学を、市川斎宮とともに、始めるにいたった。その間の事情を、その自叙伝は次のように伝えている。

福沢諭吉

ドイツ学を始める

右学校(蕃書調所)の教員であつた時分に、普露西国(プロシア)が日本と条約締結のために特命全権公使を派遣した。其時に該(がい)国王から幕府に電信機械を贈呈したいと思ふから、右の伝習を受ける人を公使の旅館によこせといふことであつて、余は同僚市川斎宮と其伝習を命ぜられた。そこで両人にて、芝赤羽根なる公使の旅館に数日間通つて伝習を受けたのであるが、曾て其前から独逸国は欧洲各国中学術の最も盛なる国であるといふことを聴いて居たのであるから、独逸語をも習得したいと考へて居た。……尤も右独逸語の学習とて人に習ふ訳ではない。和蘭文と独逸文との対訳会話杯に依つて学習すれば、甚だ困難なることはないと考へて、右の市川氏や其他二三の同志と共に、対訳会話に依つて研究したのであつて、一年も立つうちに大いに読み易くなつたのであるが、是れが日本に独逸語の初めて開けた根元である。尤も其前にも杉田成卿、同玄端といふ二人の和蘭語学に達した人が、少しく独逸文を研究し始めたこともあつたと聞いたけれども、それは未だ十分に読むほどではなかつたやうである。

このようにして、弘之は日本におけるドイツ学の先駆者となったのである。さらに後には、ドイツ文の著書（後述参照）を出すほどのドイツ学者となったのであるが、旅行ぎらいの彼は終生遂に海外に赴くことはなかった。従ってドイツ留学の経験をもつこともなかった。

蕃書調所において本格的な西洋学研究の機会にめぐまれた弘之が、世間一般には得られない西洋の書物にふれて識見とみに卓越し、従来の思想を一躍進めることになったことはいうまでもない。すなわち自叙伝には、このことを次のように記している。

思想の進歩

余は……祖先以来代々、甲州流兵学師範の家に生れたのであるから、時勢に応じて西洋兵学を研究せんがために、和蘭(オランダ)学を始めたのであれば、終身兵学に従事するのが当然のことであるけれども、併し西洋兵学は世間之を好む人も多くなり、且つは余自身は兵学よりも哲学、倫理学、法学等の研究を好むやうになつたのであるから、寧(むし)ろ其方に転ずることが却(かえ)つて自分のためにもなり、又多少世間のためにもなるならんと考へて、遂に志を変じて、其好む所の研究をなさんとすることとなつたのである。

天賦人権思想

これは彼の思想生活における第一回の転向(進歩・前進的)であるが、弘之が西洋の学問にふれてその心を強くとらえられたものは、当時の時代精神たる天賦(てんぷ)人権思想であった。身分制度の厳格な封建の時代に生をうけた若く鋭い弘之が、天賦人権思想を世にも珍らしく感じ、且つ心ひかれたことは当然のことといえよう。しかし西洋思想の一根元であるキリスト教思想については、のちになって、「其処で耶蘇教の書物も一通り読んで見た所が、どうも余り感心することが出来なかったけれども、併し学術の最も開けた西洋人が尊崇する宗教であるから、何か余程優れた宗教であらうといふ念は長く持つて居った」(『太陽』臨時増刊)といっている。しかし彼は、さらにのちには、社会的ダーヴィニズムの立場をとるようになって、猛烈にキリスト教攻撃をするようになったのである(後述参照)。

わが国洋学導入初期の担い手が医師たちであり、まずそうした実用性という面から洋学の受容ということになったわけであるが、弘之の西洋学近接の動機は、前に述べたように、西洋兵術の習練を契機としたのである。これはひとり弘之の洋学への独自の道ではなく、むしろ蕃書調所を中心とする幕末洋学展開の特性なのである。さきにも述べたように、幕末日本においては、封建社会の矛盾の激化とともに、対外事情も急迫して、海防の必要から、特に軍事科学への関心が強くなって、こうした面からの洋学研究が活潑になったのである。沼田次郎氏も、西欧近代市民社会の所産である西欧近代科学の精神と方法とは、そのままではわが国封建社会の精神と相容れないものであり、わが国に受容されたものは、単にその精神と方法とを除き去った、いわば技術的な知識・成果のみであった、ということを指摘しているのである（『幕末洋学史』）が、このような側面の重要性を無視することは、何人にもできないであろう。弘之における西洋思想の受容を見ても、近代市民社会の所産としての西欧思想を外形的に受け容れたのであって、その精神と方法とを学んだのではなかった。言いかえれば、弘之は、儒教の教養の上に、当時の支配的な西洋思想を接木（つぎき）的に、また好奇的に受容したのであって、それを根底的・主体的に把握したものではなかった。

かくの如くにして、文久元年、二十六歳の弘之は、天賦人権説に立脚した『鄰艸（となりぐさ）』を著わした。これによりて彼は、立憲思想の草分けの一人ということになり、最初の紹介者ということになったのであるが、その著述の意図を、自叙伝で、次のように表明している。

余は仍（な）ほ坪井塾に居る頃で二十六歳の時に、初めて『鄰艸』と題する小冊子を著述した。是れは西洋各国には議会といふものがあつて、政府の専制を監督防止する制度が立つて居ることを述べたもので、実は当時の幕政を改革する必要があると考へて書いたのであるけれども、それを露骨に述べることが出来ぬゆゑ、支那の政治の改革といふやうな意味にして述べたから、それで書名を『鄰艸』としたのである。

つまり、徳川幕府の統治下における封建制に立憲政体をとり入れ、幕府体制を持続しようとする現状維持的改進の主張をしたものということができよう。

政治上はもちろん、社会上・思想上すべて混沌（こんとん）としていたこの幕末の時代に、土佐藩を初め、各藩に議会論がめばえて、これが幕府側の時代思想となっていったのであり、現状打破論者も、現状維持論者も、ともに列藩会議論に歩みよったのである。しかし彼らは、決して純然たる欧米立憲思想を十分に理解していたのではない。すなわち如何なる試練を経て議会制度が完成し、如何に運用せられているかはその知る所ではなかった。従って、その問題について、科学的に厳密に検討していたわけではなかったのである。弘之の場合もまた例外ではない。ただすこしくのちになって、オランダに留学して、ライデン大学のフィッセリング教授について学んできた津田真道と西周助は些か別である。津田の『泰西国法論』(慶応二年)は、それ故、いちばんの権威書と称せられるのである(麻生義輝『近世日本哲学史』)。福沢諭吉の『西洋事情』についてもまた同様の評価ができよう。弘之も後年、「之(『鄰艸』)を見れば、畢竟(ひっきょう)白面書生の時勢を知らざる迂闊論(うかつろん)に過ぎざるなり」という述懐をしているように、決して彼に十分の自信があったわけではないのである。

弘之の幕府意識

また弘之は、開成所教授並（蕃書調所は洋書調所となり、のち更に開成所と改称）を経て、慶応四年（一八六八）には目付となり、また大目付となり、幕藩体制の忠実なる支持者となっていた。かくの如き幕府意識が、薩・長等の討幕攘夷運動に対して、西欧の立憲思想紹介の著書をなさしめたのである、といわねばならない。弘之のこのような権力主義的立場または幕府的立場は、大政奉還以後の明治への推移の中で、彼の態度・行動にも明白に現われているのである。

このことにつき、尾佐竹猛博士は、「大政奉還と議会論とは不可分の関係にあつた」（『維新前後に於ける立憲思想』）といっているが、それは一面であって、大勢は武力抗争であり、鳥羽・伏見の戦を契機に、それは殊に顕著になった。もちろん、その主動力は薩・長等討幕派であり、土佐藩を中軸とする議会派の努力を失敗にいたらしめたのである。しかるに、鳥羽・伏見の戦に敗れた徳川慶喜は、東に帰ってのち、「公議所」を設立したのであるが、ここで弘之は、西周助（周）・津田真一郎（真道）とともに、公議所御用取扱を命ぜられて、立憲政体の取調べに従事して得意であった。

公議所御用取扱

彼は、官軍東下の報にあって、柳河春三・神田孝平らとともに、徳川家の一大事として、右往左往、論議したり画策したりした。福沢諭吉の『福翁自伝』は巧妙に、しかしからかい半分にこの間の弘之を伝えている。すなわち時流に超然として開国を考えていた福沢は

福沢の弘之描写

時勢を見る必要がある、城中の外国方に翻訳杯(など)の用はないけれども、見物半分に毎日の様に城中に出て居ましたが、其政論流行の一例を云て見ると、或日加藤弘之と今一人、誰であったか名を覚えませんが、二人が裃(かみしも)を着て出て来て外国方の役所に休息して居るから、私が其処へ行て「イヤ加藤君、今日はお裃で何事に出て来たのか」と云ふと、「何事だツてお逢ひを願ふ」と云ふのは、此の時は慶喜さんが帰て来て城中に居るでせう、ソコで色々な策士論客忠臣義士が躍気(やつき)となつて、上方(かみがた)の賊軍が出発したから何でも是れは富士川で防がなければならぬとか、いや爾(そ)うではない、箱根の嶮阻(けんそ)に拠て二子(ふたご)山の処で賊を鏖殺(みなごろ)しにするが宜い、東照神君(家康)三百年の洪業(こうぎょう)を一朝にして捨(す)つ可(べか)らず、

徳川の忠臣

福沢諭吉肖像

吾々臣子の分として、義を知るの王臣となつて生けるは恩を知るの忠臣となつて死するに若かずなんて、種々様々の奇策妙案を献じ、悲憤慷慨の気焔を吐く者が多いから、云はずと知れた加藤君も其連中で、慶喜さんにお逢ひを願ふ者に違ひない。ソコデ私が「今度の一件はドウなるだらう、いよ〳〵戦争になるかわからないが、君達には大抵分るだらうから、ドウぞ夫れを僕に知らして呉れ給へ、是非聞きたいものだ」「ソレを聞て何にするか」「何にするツて分てるではないか、是れがいよ〳〵戦争に極まれば僕は荷物を拵へて逃げなくてはならぬ、戦争にならぬと云へば落付て居る。其の和戦如何はなか〳〵容易ならぬ大切な事であるから、ドウぞ知らして貰ひたい」と云ふと、加藤は眼を丸くして、「ソンな気楽な事を云て居る時勢ではないぞ、馬鹿々々しい」「イヤ〳〵、気楽な所ではない、僕は命掛けだ。君達は戦ふとも和睦しやうとも勝手にしなさい。僕は始まると即刻逃げて行くのだから」と云たら、加藤がブリ〳〵怒つて居たことがあります。

と記している。福沢はこんな調子で御使番になれという奉書到来を、「病気で御座る云々」と取り合わず、またその後、維新新政府の招命にも頑として応じなかったのである。それ故、これに反し早速新政府に出仕した弘之とは、まことに好対照をなすもの、というべきであろう。

弘之は、徳川政権敗退の最後まで、とにかく忠実な幕臣であったのである。このような権力主義的な性格が、彼をして明治の官僚・官僚主義・官僚思想家として成長させ、かつ成功せしめることになったのである、といわねばならない。

三　啓蒙思想家

上からの文明開化

やがて、「ザンギリ頭を叩いてみれば文明開化の音がする」という俗謡の生まれる明治時代となって、蕃書調所の幕臣らは、福沢を除いてはすべて一変して薩・長藩閥政府の御用学者または要人として採用され、いわば「上からの文明開化」に尽力することになったのである。

明治政府の官僚

弘之も、大政奉還後、七万石の大名となった徳川家達(いえさと)に従って駿府(今の静岡市)に赴いたが、幾何(いくばく)もなく、天下の人材をあまねく網羅せんとする政策をとりつつあった明治新政府より招命をうけて、明治元年(一八六八)十月、政体律令取調御用掛を仰付けられるにいたった。時に彼は三十三歳であった。かくてのち、学校判事・会計官判事・制度寮撰修等に歴任し、また大学大丞・文部大丞・大外史・外務大丞等に任ぜられた。その間において、国法御会議にも参加し、明治三年から同八年まで、侍読をかねて御前進講をすることになり、欧米の政体・制度・歴史・風俗等の概略を進講した。また、明治七年、左院の一等議官に任じ、八年最初の元老院議官に任ぜられた。彼が、征韓論政変で下野(げや)した西郷隆盛派の旧参議後藤象次

弘之36歳（明治4年）

郎・副島種臣・板垣退助・江藤新平らの民撰議院開設建議に対し尚早論を唱えて御用学者ぶりを発揮したのは、この頃である。しかし間もなく退官して、其の後、しばらくは、彼の無官の時代で、その時に彼は小塾を開いたのであるが、明治十年、文部大輔田中不二麿の勧誘により、開成学校綜理を嘱託せられ、つづいてその名称を変えた東京大学法学部理学部文学部綜理となった。それは彼が四十二歳のときである。

東京学士院会長

更に十二年には東京学士会院の会員に推選され、その後、同院の会長・幹事等に数回選挙せられ、同院が帝国学士院となってのちも、院長に選挙されて、一期間その任にあった。さらに十三年、文部省三等出仕に補せられ、十四年、東京大

東京大学綜理

学綜理に任ぜられた。ここに、かつての忠実なる幕吏が、また朝廷への忠実なる仕官を続け、物議をかもしつつも官僚学者としての生涯の道を進んだのである。すなわち、福沢諭吉を盟主とする「国富派」と並び称せられた「国権派」の頭目としての自らを、そのようにして、つくり上げていったのである。

学的業績

維新の寸前、弘之は西洋各国の幅員・人口・兵備・産物・輸出入などを表にしてあらわした『西洋各国盛衰強弱一覧表』を書き、また同じ頃『交易問答』を刊行して、外国貿易の必要な所以（ゆえん）を論じたが、幕末から明治初年という時点において、とくに歴史的意義を有する著述は、『立憲政体略』（慶応四年）・『真政大意』（明治二年）・『国体新論』（明治六年）の三部作である。また、侍講のさいの研究を生かして、ブルン

チュリの『国法汎論』、ビーデルマンの『西洋各国立憲政体起立史』等を公刊し、国家主義に基調した自由民権論または立憲主義の唱導者として論壇に重きをなした。すなわち、いわゆる「上流の民権説」論者として、封建制の止揚と立憲政の実現とに方向づけられた維新政府指導精神の有力な代弁者として活躍したわけである。当時、維新政府は、廃藩置県を断行し、断髪令を布き、その他あらゆる封建的遺物を思いきりよく破壊しつつあった時であるが、政府のこの文明開化政策の筋書台帳は、「下流の民権説」論者たる福沢諭吉の『西洋事情』等の論著であったが、弘之の諸論著もすくなからざる役割を果していたのである。

明六社

ところで、明治藩閥政府の文明開化の政策と趨勢を、すぐれた才能をもって推進したグループは、「明六社」の人々であったが、西周(周助)・福沢諭吉・津田真道・中村敬字(正直)・西村茂樹・森有礼・箕作秋坪・箕作麟祥・杉亨二・神田孝平らとともに、加藤弘之も「明六社」の一員であった。「明六社」は明治六年(一八七三)アメリカから帰朝した森有礼の首唱によって成立したわが国最初の学会であるが、その事業として演説会を開催したり、『明六雑誌』を発行したりもした、その啓蒙的役割はまことに大きい。この「明六社」グループは、薩藩出身の森有礼を除けば、大半が開成所関係の洋学者で、ほとんど皆幕府関係の人々であった。幕末の洋学はその担(にな)い手が漸次(ぜんじ)医者から下級武士に移るにつれ、封建制の補強とその絶対主義形成に利用され、これに狎(な)れて御用学的であった。かくて開成所関係の幕臣は、幕府から転じて、朝廷へ仕官をつづけることもでき、大部分が明治政府の官途(かんと)に就いたのである。従って「明六社」会員の説く文明・自由・開明は、全く政府の啓蒙専制主義の框(わく)外に出るものではなかった。即ち、近代的思想の素地を作り出す役割を果したとは言え、その啓蒙主義は政府の絶対主義的針路に副(そ)うて漸進主義を出なかったのである(遠山茂樹『明治維新』)。

『明六雑誌』

弘之の開明的役割

このような文明開化の波にのって、明治初年において加藤弘之の果した開明的民権主義的役割は、輝かしいものとしての評価をとにかくも受けている。猪野謙二氏（日本文学協会書記長）も、その著『近代日本の文学』で、弘之の其の言論をとりあげて、次のように述べている。

明治のはじめに、福沢諭吉は、「天は人の上に人を造らず、人の下に人を造らずといへり」という一節をもつて、その『学問のすすめ』という名著を書きはじめています。またそのころ、加藤弘之という学者は、「君主も人なり、人民も人なり、決して異族の者に非ず。然るに独りその権利にいたりて、かくも天地霄壌（しょうじょう）の懸隔（けんかく）を立てしは、そもそも何事ぞ。かかる野卑陋劣（やひろうれつ）なる国体の国に生れたる人民こそ実に不幸の最大というべし。」といつています。

明治維新の前後に、はじめてイギリスやフランスの近代思想にふれ、新しい「人間」としての権利についていろいろ知るようになつた進歩的な思想家たちは、筆をそろえて、このように人間の平等をとなえ、民主主義の原理を説いています。

このように、当時における弘之の啓蒙思想家として果した役割は、まことに重要なものであった。ともにオランダ学より出発した洋学者でありながら、のち福沢はイギリス学に入り、弘之はドイツ学に拠り、その開きは漸次大きくなって、弘之は天賦人権論的立憲主義から、やがてドイツ学流の有機体説的・進化論的国家主義へ、思想転向をするにいたった。そもそも、絶対主義は「封建的社会関係のうちにブルジョア的要素を内包して成立するので、その末期には国内あるいは先進国ブルジョア的要素になんらかの形で対応する必要にせまられ、そこで〝開明的〟な態度をとらざるをえなくなる」などといわれ、そうした啓蒙専制主義が欧州において重要な意味をもったのは、特に資本主義のおくれた東ヨーロッパにおいてであった。弘之は「植民地アジア」の一角において、欧米列強の圧力を殆んど全身に感じながら近代化に着手した日本が、啓蒙専制主義的コースをとるべきを、はやくも洞察(どうさつ)し、ドイツ＝プロシアの啓蒙専制君主フリードリヒ二世に好意をよせ、『国体新論』第二章で次のように書いているのである。

フリードリヒ二世への好意

普魯士(プロシア)ノ先王非的利(ヒデリ)第二世ト云ヒシ君ハ曠世(こうせい)ノ賢君ニシテ、当時各国ノ国体甚ダ天理人性ニ背反(はいはん)シテ野鄙陋劣(やひろうれつ)ナルヲ歎キ、書ヲ著シテ公明正大ノ真理ヲ論説セシガ、其中ニ「余輩人君ナル者ハ敢テ天下ヲ私有シ、人民ヲ臣僕トナスベキ者ニアラズ、特ニ国家第一等ノ高官タルニ過ギザルノミ」ト云ヘリ。之ヲ彼ノ総論ニ挙ゲタル仏王路易(ルイ)十四世が、「朕ハ天神ノ現出セル者ナリ」ト云ヒシ暴言ト比較セバ、其公私正邪如何ゾヤ、固(もと)ヨリ贅言(ぜいげん)ヲ要セザルナリ。

漸進論的開明主義

弘之の保守主義的傾向が、その性格と相俟って、やがてドイツ学的実証主義的漸進論へおもむかせたのであるけれども、反封建の言論の烈しいその開明的・民権主義的側面は、当然に明治史上に華々しく登場した自由民権運動の有力なる理論的拠りどころとなった。それにもかかわらず、彼の思想に内在するにいたったその漸進論が、現実的に、政治的に、対決の場にさらされたのは、さきにすこしく触れた「民撰議院設立建白書」をめぐる論争においてである。

征韓論をめぐって廟堂が分裂したのは、明六社の結成発足した明治六年だが、遠山茂樹氏は、この分裂を「攘夷から開国への、なしくずし的転化によって、己の覇権を成就した明治政権の宿業」であったと説明している。更に明治政権の「やむをえぬ開国の裏には、攘夷意識が、富国強兵思想、朝鮮・中国侵略策と姿を変えて持ち続けられた」といっている（『明治維新』）が、欧米資本主義諸国の相角逐する世界史におくれて登場した日本が、先進国と同様に近代化を遂行しようとする道程において、さらにおくれた非近代的状態のアジアの諸国家に対して、いわゆる東亜経略という対外的政策の線に出ることは必然であったともいわれねばならない。恰かも征韓論は、民族主義的必然の政策であり、「内治」と「征韓」のいずれを先にするかという点で、岩倉具視・大久保利通らによる「内治派」の主張が勝をしめて、「征韓派」の参議らは野に下ることになり、そして、岩倉＝大久保政権に対する一つの反撃として現われたものが、征韓論者による「征韓論」と

「民撰議院設立建白書」

板垣退助肖像

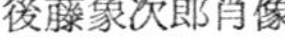

後藤象次郎肖像

は異るかに見える「民撰議院」設立の運動であったのである。

明治七年一月、副島種臣・後藤象次郎・板垣退助・江藤新平・小室信夫・古沢滋（しげる）・由利公正・岡本健三郎らの連署によりて、「民撰議院設立建白書」が左院に提出された。その「建白書」は、有司専制を鋭く非難し、「政令百端朝出暮改、政刑情実ニ成リ賞罰愛憎ニ出ヅ、言路壅（よう）蔽（へい）困苦告ルナシ。……恐クハ国家土崩（どほう）ノ勢ヲ致サン」というような現状を「振救（しんきゅう）スルノ道」は、「天下ノ公議ヲ張ル」「民撰議院」の設立をするにあることを述べている。そして、「斯ノ議院ヲ立ツル者ハ天下ノ真理ヲ伸張シ、人民ノ公論通義ヲ立テ、天下ノ元気ヲ鼓舞シ、以テ上下親近シ君臣相愛シ、我帝国ヲ維持振起シ、幸福安全ヲ保護センコトヲ欲シテナリ」と結論されていることでもわかるように、国権の伸張を前提とした「民撰議院」の設立の要請であり、明治絶対主義形成期における「民権論」と「国権論」の内的連関を示している一例証ということができるのである。それは、古沢がまず英文で書いて邦文に翻訳したものを、さらに副島が潤飾したのであるが、イギリス学の福沢の文明論的民権論とちょうど符合するものがあった、といわれ得るのである。

民撰議院開設尚早論

この有司専制の弊をついた反政府的建白書に対して、政府側のドイツ学者弘之が、『日新真事誌』に、ビーデルマンを引用しつつ、その反対意見を発表したことは毫も不思議なことではない。すなわち弘之の反対論は、わが国は欧米に比べると、人民未開化の国で、「民撰議院」の開設は時機を得ていないとする尚早論である。すなわち彼は、学校をおこし、人材を教育し、もって議院を設立するに足るべき開明国に漸進せしめることが当面の急務であると説き、「英ノ議事院ハ賢智者多クシテ実ニ邦国ニ恰当適切ナル制度憲法ヲ創定スルニ足ルト雖モ、他の各国ノ議事院ハ蓋シ之ニ及バザルナリ。然ルニ吾邦開化未全ノ人民ヲ挙テ、天下ノ事ヲ共議セシメ、而シテ、其公議採テ天下ノ制度憲法ヲ創定セント欲ス。恐クハ木ニ縁リ魚ヲ求ムルニ類センノミ」と言い、「凡ソ、人民知識未ダ開ケズシテ先ヅ自由ノ権ヲ得ル時ハ、之ヲ施行スルノ正道ヲ知ラズシテ、之ガ為ニ却テ自暴自棄ニ陥リ、遂ニ国家ノ治安ヲ傷害スルノ恐レアリ。豈、懼レザル可ケンヤ」と述べているのである。

当時最も鋭く天賦人権論を展開し、また議会論を紹介して天下を啓蒙していた弘之が、突如「民撰議院」設立尚早論を投げつけたことは、世人に意外の感を強

木戸孝允の依頼

く与え、弘之は政府の策謀により参議木戸孝允(たかよし)に頼まれたのであろう、などとの憶測が行われる結果になった。しかし彼は、頼まれなくても、政府の立場に立脚して、反政府的言論を攻撃する性格の思想家であるばかりでなく、その既著に述べられている学説を全面的に変更するまでもなく尚早論を唱え得たのである。すなわち、政府の理論提供者であった彼が、民間の運動の激しさに当面して、すでに用意をしていた理論の一部を漸進的な政府のために拡大強化して提供したのに過ぎないわけである。然し、ひとたび時代に先んじて天賦人権論に拠って世人を教育啓蒙した彼が、再び先んじて有機体説を併せて主張するにいたったことは、確かに大きな問題であった、といわねばならないであろう。また弘之が、天賦人権論の学問的不十分さのみをいって、その歴史的・進歩的の意義を特に否定するにいたったということも、また明らかに問題である、といえよう。

とにかく、彼の議会開設尚早論は極めて刺激的で、古沢の筆に成る副島(種臣)・

「加藤弘之に答る書」

大井憲太郎肖像

後藤(象次郎)・板垣(退助)の「加藤弘之に答る書」を初めとして、幾多反駁の論議が踵を接して生じ、また津田真道・福地桜痴(源一郎)らの尚早論賛成の論議も行われて、大論争が展開された。しかし彼の尚早論は、輝かしいものでなく、

大井憲太郎

殊に議院開設断行論を唱える大井憲太郎の極めて透徹した反論に対しては遜色濃きものがあった。のみならず、民撰議院開設論はいよいよ盛んとなり、大井憲太郎の如きは、これを機会に官を辞して曙新聞に投じ、民権運動を本格的に

立志社等の民権運動

起すことになった。またやがて土佐の「立志社」を初めとして、諸政社の自由民権運動が全国に澎湃たる勢力を成して現出する結果を惹起した。かくて国会開設

の実現の道がひらかれるにいたったのである。「迂儒時勢を識らず」と、時人より罵られた弘之の尚早論は、このように「僅かに数年ならずして国会開設の詔により否定されるに至ったものである」（平野義太郎『馬城大井憲太郎伝』）。

四　保守・反動化の時代

明六社の解散

明治七年の「民撰議院設立」の建白に端を発した民撰議院開設の要望は、漸く全国に拡がり、自由民権運動に盛り上って、ついに国会開設の大詔渙発となったことは前述の如くであるが、その過程の半面は、この国民運動に対して、版籍奉還・廃藩置県・集議院廃止等の政策を断行して反動的に強力になりつつあった藩閥政府の民権運動弾圧の連続でもあった。明治八年六月には、新聞紙条例及び讒謗律の制定公布があり、それにより言論と思想の自由が大きく阻まれ、前記「明六社」さえも解散の運命に逢った。しかし、自由民権運動を中心に、不平士族の暴動及び農民一揆が伴って生じ、この三者の反政府勢力が渦を巻いて動いているうちに、西南の役が起った。これは、政府側の勝利として終ったのであるが、そこに、真っ向から、絶対主義政権に対立する自由民権運動が明確にして巨大な姿を現わすようになったのである。すなわち西南の役の後に、展開するにいたった自由民権運動は、それ以前のものと異なって、フユール　ジッヒ(向自的)なものとなり、かかる意味で士族・農民・都市小ブルジョアなどの反抗の声を組織したものである。かくして、組織された自由民権運動の攻勢が、政府の漸進主義を押しきって、明治十二年には府県会の開設にいたらしめ、十四年には二十三年を期して国会を開設するという詔勅発布の実現にいたらしめたのである。そして自由党が結成され、また改進党の結成となり、民権運動が政党運動の形で展開されることになったのであって、政治的闘争の近代化ができ上ったのである。

西南の役

自由党の結成

こうした状勢の中で、政府的・権力的な立場に立つ弘之が、その天賦人権論に矛盾を感じることは当然であり、ドイツ学によって用意した実証主義的進化論を自らのものとして、権利自然法説に強く対抗するのは必然でもある。すなわち明治十五年(一八八二)に、このような趣旨の『人権新説』を出版したわけである。その理論の内的変化や内容については、のちに見ることにするが、その転向が全く外部からの圧迫なくして行われたと考えることはできるものではない。『真政大意』『国体新論』の弘之の思想の拠りどころは、むしろ過激なる天賦人権思想であって、自由民権を叫ぶ或者は彼の著書を立論の根拠としたのであり、国学者・漢学者の中には彼を乱臣・賊子(ぞくし)とするものさえあった。水戸学派の海江田(かえだ)信義は、弘之の説に日本国体と容れざるところがあるとして、怒って刺殺もせん勢いで弘之に迫ったという。また民間の志士世古(せこ)某は三条実美(さねとみ)に迫り、弘之のことについて激しい議論をしたとも伝えられている。とにかく彼は、元老院議官・開成学校綜理・東京大学綜理等として政府的立場を保ってきたのであるから、明治七年以来

三部作の販売差止

の朝野の思想的対立と、保守的・反動的となった政府の天賦人権論忌避及び取り締りをみて、時勢への天性的順応性を発揮して、新しく仕入れた進化論的権利論を唱えるにいたったことは不思議なことではない。明治十年、モースが東京大学で進化論を説いたことも、彼の転向の一つの動機になったのではなかろうか。とにかく、彼が願い出た初期三部作中二著の流布取締りである「内務省達乙第五十九号」

今般東京府士族加藤弘之著述同人蔵版真政大意并国体新論ト題スル両書記載之主旨ハ謬見ナルコトヲ知了シ、後世ヲ誤ルノ恐アルヲ以テ絶版届出候ニ付、右両書ハ自今販売差止候条其旨可相心得、此旨相達候事

明治十四年十一月二十二日

内務卿　山田顕義

とともに、天賦人権主義者としての弘之の生命は終りをつげたのである。

弘之はその学問的生活において二つの大きな転回をしている。第一のそれは兵学より法文学に転じたことであり、第二は民撰議院設立尚早論を唱えた時にその萌芽をあらわした思想的変更であって、さきに述べた天賦人権説を放棄して社会的進化説をとったことである。

明治十四年

明治十四年は、明治史のうえでは一時期を画した年であり、国会即開論者といわれた大隈重信とその一派は政府を追われ、憲法制定の方針として岩倉具視の日本主義的立憲主義の確立した年であった。弘之の『人権新説』は、ちょうど、かような政府の方針の学問的弁護であり、正当化であり、それは弘之の御用学者ぶりを露骨に示しているものである。のちに詳しく見るように、彼は、そこに於て、従来主張してきた「自治平等均一ノ権利ヲ固有セリトセル天賦人権主義」を妄想に過ぎずとして、社会的不平等の合理化を説き、絶対主義と支配階級の弁護に熱を入れたのである。

御用学と科学的真理への努力

このような彼の御用学的・権力主義的傾向は、爾来益々著るしくなって、ついには族父統治主義とウルトラ・ナショナリズムとを強調するにいたったわけである。すなわち、彼の後期の著作群に属するものの若干が、極めて高い学問的香気を有するものたるにかかわらず（和独両文の『強者の権利の競争』（明治二十六年）・『道徳法律の進歩』（同二十七年）・『道徳法律進化の理』（同三十三年）・『自然界の矛盾と進化』（同三十九年）・『自然と倫理』（同四十四年）・『国家の統治権』（大正二年）等）、いっこう、彼のこのような傾向を否定する力にはならないのである。

五　晩年の官歴と学歴

然らば晩年、著述にその努力を傾けていた時期における弘之の官僚的経歴はどうであろうか。

明治十四年、東京大学綜理に任ぜられてその職に在ること九年、英米主義の森文相と衝突して大学綜理から元老院議員に転じたのが十九年であったが、二十三年には再び帝国大学総長に任ぜられ、また貴族院議員にも勅選された。そして二十六年、大学総長を辞任し、二十八年、宮中顧問官に任ぜられた。また三十三年、華族に列し男爵を授けられ、三十九年には枢密顧問官に任ぜられた。更に、二十一年には文学博士、三十八年には法学博士の学位をも授けられた。或いは教育調査会総裁を仰付けられ、或いは高等教育会議々長・文学博士会々長・哲学会々頭・国家学会評議員長・独逸学協会学校長等にも歴任したのであって、このようにその経歴は学問的生活者として稀に見る広大なものであるが、殆んど官歴又は官歴に近いものであって、その点で同じく学問と教育に一生を棒げ、しかも大平民として終始して学位さえも帯びなかった福沢諭吉に対し、最も著るしく対照的である、ということができよう。

文学博士
法学博士

大学のための努力

弘之の官歴のうちで文化史的に最も大きな意味をもっているのは、帝国大学総長として、また学士院会員及び院長としての閲歴であることはいうまでもない。明治十年、四十二歳の時、開成学校綜理を嘱託せられてから、明治二十六年三月帝国大学総長を辞するまでの十数年は、大学々制の実にめまぐるしい発展を見たときであり、わが国大学制度の基礎は、この間において整備した、といって過言ではない。弘之は明治新政府に起用せられて以来、権判事・文部大丞・大学大丞または中教授として多年、文政と萌芽期における大学に関係してきたのであるが、更に大学の成人期において総長の職にあったのであるから、大学の制度の整備に対して彼の力が与って大であったことは当然である、というべきである。彼のアカデミズムを強調する大学論（拙著『学問と大学』）も、彼の大学熱心を証明するものであるが、尨大な『東京帝国大学五十年史』をひもどく者は、誰もこのことを理解することができるであろう。

彼を開成学校綜理に推薦したのは時の文部大輔田中不二麿であるが、その以後弘之は、綜合大学の運営に専念したのである。かくして開成学校を発展的に解消して東京大学が創立せられ、それがさらに帝国大学となったのである。弘之は、総長在任中、著述にはその余力を集中しながら、しかも教授を兼任せず、法理学の講義担当が総長辞任の後であったことは興味がある、といわねばならない。

弘之が、東京学士会院の院長及び帝国学士院長として、二十数年の間尽した努力もまた、大きくわが国文運の進展に寄与したところである。例えば、明治四十二年(一九〇九)十二月十二日、帝国学士院会員一同から彼に贈呈した感謝状は

帝国学士院長

君夙ニ海外ノ学ヲ修メ、壮時既ニ幕府ノ教職ト為リ、王政維新ノ後又数官ニ歴任シ、専ラ力ヲ学芸ノ進歩、教化ノ普及ニ致セリ。帝国学士院ノ今日アルモ亦一ニ君ノ企画ニ頼ル。明治十二年東京学士院ノ創立セラルルヤ、君選バレテ会員ト為リ、後幾バクモナクシテ会長ト為リ、爾来数十年間院務ヲ綜理セシコト一日ノ如ク施設スル所甚多カリシト雖モ、更ニ院制ノ未ダ完カラズ、事業ノ未ダ十分ナラザルヲ慮リ、大ニ釐革ノ必要ヲ唱ヘ、熱心其所期ヲ貫徹センコトヲ勉メタリ。是ニ於テ当路者亦遂ニ君ノ言ヲ容レ、東京学士会院ヲ廃シテ、新ニ帝国学士院ヲ置キ、以テ其事業ノ改善拡張ヲ計レリ。是レ実ニ明治三十九年六月トス。而シテ君ハ即チ衆望ノ帰スル所ニ依リ、復挙ゲラレテ院長ト

『加藤弘之自叙伝』

為リ、院務ヲ綜理スルコト猶ホ東京学士会院ノ旧ニ於ケルガ如クナリキ。蓋シ君ノ専門ハ、文学及社会学的学問ニ属シ、殊ニ哲理ノ研究ヲ主トスト雖、其立脚ノ地ハ常ニ事物ノ実験ニ存スルヲ以テ、兼ネテ理学及其応用的学問ニ通ズ。此二方面ノ学者を網羅スル我帝国学士院ニ長トシテ、最モ其任ニ適スル者、君ヲ措キテ又他ニ求ムベカラザルナリ。

と述べているのであり、これを見ても、そのことが首肯されるのであって、彼がわが国における官学の総帥の如き地位にあったことを充分に察知することができるのである。

官学の総帥

そこで、松本三之介氏は、「加藤弘之」についての研究（奈良本辰也編『日本の思想家』）の結論で次

のように書いている。曰く

一九一六年(大正五年)彼は八十一歳の高齢でこの世を去った。思えば、彼の思想家としての活躍は半世紀にわたって実に華々しいものがあった。天賦人権主義から進化主義へ、そしてそこでも権力、権利論から道徳、法律、国家論まで、彼の思想は多彩をきわめた。しかし波乱に富んだ彼の思想的生涯を通じて、国家主義的政府的立場はつねに変わるところがなかった。だが、彼の思想家としての特色は、その立場が何であったかということよりも、時の権力関係の変化に応じて、大胆に自分の思想を清算し、また発展させてゆく実践性にあった。彼がしばしば身を論争の渦中に投じたのもそのためであり、またこの変化に応ずる実践性があったからこそ、彼は終始官僚主義的思想家としての役割を果たすことができたのである。

右の文章は、官僚的イデオローグ(主義主張者)としての加藤弘之の姿を要約したものではあるが、その御用学性または権力主義性を、単に実践性とのみ呼んでいるところに本質の見誤りがある、といわねばならない。

最後に、明治二十年代以降における時勢と弘之の言論との関係に目をむけてみよう。

明治十四年から二十二年

明治十四年から二十二年の憲法発布に至る時代は、民権運動が新しいたかまりを示した時期であるが、政府の弾圧・買収・謀略により自由民権派の中に腐敗と分裂を生じ、民権運動の中心思想である天賦人権論は何時しか影をひそめるにいたった。政府はかくの如くに国民内部からの近代化の運動を抑圧することに成功し、権力の手で、弱められた形だけの近代化を国民に押しつけることを策し得たのである。これに条約改正の問題が加わり、そこに政府の外面的な欧化主義によって、いわゆる鹿鳴館(ろくめいかん)時代を現出したのである。かくして明治十七年、自由党が解体現象を起し、民主主義勢力が沈黙の状態に追いこまれた中に、すなわち明治二十二年二月十一日、明治憲法(大日本帝国憲法)が制定発布されたのである。この欽定(きんてい)憲法は、主権在君の立憲主義を明らかに規定した。すなわち議会政治における国民

明治憲法と弘之

（臣民）の参政権・自由権・国務請求権と、君主主義の基本体制を折衷せしめているのであり、弘之の思想よりもむしろ進歩したものである。また天皇を頂点とする階層主義の確立強化のために渙発されたものが、「教育勅語」とその道徳であったのである。

この頃、弘之は「政事の本色は圧制なり、圧制を離れて政事なし」（『加藤弘之講演全集』第一冊）と言い、「社会の輿論とは凡そ当該社会の中流以上に位して社会を制する勢力ある人衆、即ち所謂社会の強者の中に行はるる輿論を云ふなり」（同上）、と述べている。弘之が、欽定憲法たる明治憲法を評価したことは当然である。すなわち、弘之は、明治天皇の時勢を見るの明に敬意を表し、「吾が新憲法の大躰に就て異論を抱くものは畢竟吾が邦今日の状態に注意せず、一意欧米の風俗にのみ心配して激進急歩を喜ぶ所の少壮の徒ならん」（同上）、と述べているのである。彼は、明治七年の民撰議院開設建白の時より十七年を経た明治二十三年の国会開設について、社会の状態の進歩を確信したというよりも、欽定憲法であるということで、賛成の態度をとったのである、といった方がまちがっていないであろう。

日本主義

明治二十年代になって、明治憲法の欽定以前よりすでにその萌芽を出していた国粋主義が、西村茂樹・三宅雄二郎・陸羯南(くがかつなん)らによって盛んに唱えられるにいたった。新聞『日本』が牙城(がじょう)であって、対外硬(こう)と国民主義が旗印(はたじるし)であり、その代表的な論客は陸羯南であった。然し陸羯南らの国民主義は、決して弘之らの権力主義的・御用学的なものではなかった。それはとにかく、国家主義のこのような攻勢の中で、やがて征韓論以来の明治絶対主義必然のコースと称せられる朝鮮半島進出が企てられ、朝鮮におけるヘゲモニー(指導権)を清国(シン)と争う戦い(明治二十七―八年)が企てられて起った。

弘之は早くより、後進国として世界史に登場した日本の前途の困難を力説し、欧米諸国の圧力に対するアジアの危機を説いた。かくて日本は、「武力主義を以て主眼とし、商国主義を次とすべきこと」（『加藤弘之講演全集』第一冊）、換言すれば「武国主義を経となし商国主義を緯とな」（同上）して、日本の隆盛を謀るべきだとしたのである。徴兵令の精神を鼓吹し、殉国の節義の「十分に行はるべき条件を具へ」（『加藤弘之講演全集』第二冊）「古来歴史上最もその気象に富めるは我が邦に若くもの」（同上）がないとなし、軍国日本の躍進を願って、彼が日清戦争の勝利に喜悦したのは想像に難くない。すなわち弘之は、日清戦争は維新以来の日本の進歩を顕然たらしめたのであると言い、かつドイツの史学者クレムが、世界の人類を二つに大別して、一を能制人民とし他を被制人民となしているのを読み、日本人を能制人民に見たて、中国人を被制人民に擬した。そして弘之は、今やアジアの諸民族の中で西洋人と拮抗して世界に雄飛し得る民族は、わが大和民族をおいて他にないと考えたのであり、「富国強兵」の国策に双手をあげて賛成したのである。彼に対比して考えられる福沢諭吉もこの点同様であって、すこしも異ならない。すなわち福沢は日清戦争に熱をあげ、その主宰する『時事新報』で戦争を鼓舞し、軍事義捐金をつのり、全国四千万の人種の尽きるまで一歩も退いてはならぬと説き、官民の調和を説いて、この戦争に非常な協力をなし、日清戦争後は殊に熱心な海軍拡張論者となったのである。その『福翁自伝』で、「日清戦争など官民一致の勝利、愉快とも難有いとも言ひようがない。命あればこそこんな事を見聞するのだ、前に死んだ同志の朋友が不幸だ、アア見せて遣りたいと毎度私は泣きました」、といっている程である。すでにしかし、日清戦争以前より木下尚江らは社会主義と平和主義を主唱し、また戦争の中頃から、内村鑑三は平和主義と非戦論を強く叫んでいたことも注意しなければならない。

最初の政党内閣

明治三十一年(一八九八)六月、大隈重信と板垣退助の連繫による日本最初の政党内閣が成立した。たとえ政党内閣が、絶対主義との妥協の上に成立したものであるとしても、そのことは藩閥政府にとって大きな衝撃であったといわねばならない。

政党政治に対する非難

この頃、宮中顧問官であった弘之は、ゲーテの「自然は一足飛びをなさず」という言葉を引用し、日本の政党が、初めて藩閥政治に反抗の声を発して僅かに二十年内外である今日、緒に就こうとする政党政治は真の歴史的発展でないと論じ、権力主義者に適しく、政党内閣に好意を示していない。すなわち「吾が邦今日既に政党政治の端緒を開くに至りしは頗る歓ぶべきが如しと雖、而かも決して特に、政党政治の善美なる点のみを賞揚して、之に安心すべきにあらず。政党内閣は、最強力ある輿論を後援とするものなれば、此輿論を恃て、少数人民を圧制するは、甚だ易々たるものにして、其弊害の決して藩閥政治の比にあらざるを知らざるべからず」(『天則百話』)と述べている。のみならず彼が、この政党内閣は、犬猿もただならざる進歩・自由の二政党が合同して内閣を作ったのだから、早晩内訌により崩壊するであろう、といった、まさにその通りに、組閣後僅か四ヵ月で自壊し去った。また憲政党は、官僚的政党政治家伊藤博文を首領とする政友会に合流解消し、幸徳秋水の「自由党を祭る文」が、明治三十三年八月三十日の『万朝報』にかかげられたのである。

日露戦争の風雲

日清戦争は、日本資本主義を飛躍的に発展させたのであるが、やがて日露の風雲が急を告げて迫ってくると、俄かに戦争熱の盛んになるのは自然である。すなわち弘之も、明治三十年三月七日、「進化学より観察したる日露の運命」と題する講演(のちに小著として出版)で、進化論者の立場から日本を文明進歩における適者、露国を不適者とし、日本の勝利を予言したのであった。

その頃すでに自由党は潰滅(かいめつ)して、自由民権運動は終っていたけれども、この抵抗の精神を受けて、「自由平等の大義」を、資本主義的自由競争の中で、いかに獲得するかの問題をめぐって、社会主義運動が平和主義運動に結びついて明治三十年代に盛んになってきた。すなわち日本の社会主義運動は、安部磯雄・片山潜・河上清・木下尚江らの進歩的なキリスト教徒を中心にして始められたのであり、三十四年には「社会民主党」が創立されたのであるが、この結社は桂内閣によって直ちに禁止された。かくして社会主義者と政府の抗争は、明治四十三年(一九一〇)の大逆事件に連なりいたるのである。

当時、弘之は、『強者の権利の競争』の補遺として進化論と自然科学主義の立場から、利己主義に貫ぬかれた有機体説的国家思想をさらに発展展開していたのである。すなわち、『道徳法律之進歩』(明治二十七年)『道徳法律進化の理』(明治三十三年)『自然界の矛盾と進化』(明治三十九年)『自然と倫理』(大正元年)等の著書を通して、この学説をつくり上げていったのである。例えば、彼は、国家は真の有機体であるとし、「吾吾複細胞体たる国家のために尽すのが即ち吾吾の利己的根本動向を完成する所以であつて、それが実に其固有性である」(『自然と倫理』)から、われわれ人民たる者は、「一々国家のために尽すのを以て畢竟の眼目とすべき」(同上)であると説き、また「吾邦の如きは、他の各邦と違ひ万世一系の皇統であって、余が所謂族父統治の国である。即ち日本民族の宗家が統治者となり、其支族が臣民となって居るのであるから、日本の臣民は啻に君臣であるのみならず、又恒に父子たるの関係を保って居る」(同上)とし、この故に、わが国では国家と皇室とは全く一であると説明する。弘之は、一面このように、科学を超えた「忠君愛国の論理」に貫ぬかれていたのであり、そのような意識が、自叙伝の次のような一齣ともなっているのである。曰く

……其間に於いて、一時国法御会議といふものが立つて、大臣参議等と共に、先帝明治天皇の御前会議に加はることとなつたのと、又明治三年から同八年迄、侍読を兼ねて御前進講の栄を得たことであるが、進講は天皇皇后両陛下(即ち先帝及び昭憲皇太后)に奉仕することであつた…………又明治五年五月に九州四国に御巡幸があって供奉したが、七月還幸の時には、東京横浜間の鉄道が出来あがつた所で初めて乗御になり、吾吾も供奉で初めて乗つた。

キリスト教攻撃

また弘之は、八十歳の高齢に達した大正四年に、御紋附銀盃一組（三個）を宮中より賜わったことに非常な感激を覚えている。ドイツ皇帝ウイルヘルム二世より、王冠第一等勲章をドイツ学の功績としてもらったことも、弘之には大なる感激であったことが、同じく自叙伝中に記されているのである。

すでに西欧においては、ブルジョア支配が社会主義的勢力の脅威にさらされ、明治後期の日本においても、その資本主義の発達にともなって、社会主義の思想や運動が平和の思想に結びついて抬頭するにいたったこと、及びそれらのものがキリスト教につながっていたことは前述の如くである。このことが天皇制絶対主義のコースを合理化しようとする弘之にとり脅威であったことはいうまでもない。すなわち弘之は、有機体的国家観に立脚して、共和主義等いっさいの進歩的なものは「吾が族父たる天皇の至尊たる所以を忘却してしまつた結果である」（『新文明の利弊』）としてこれを排斥し、またキリスト教及び仏教、殊にキリスト教に対して、殊更に激しい攻撃を加えた。それは、のちに述べるように、その利己主義の主張に対する最右翼からの攻撃を外らすためであったとも見られるふしのあることを否定できないであろう。

ところで、日本は、日露の戦役にも勝利をしめて、後進国ながら帝国主義的段階に漸く突入し、条約改正・韓国併合・治外法権撤廃を経て、世界の強国の列に加わり、東亜諸後進国に対して君臨することになった。そして、このような明治の余勢をかって大正の時代が開けた。弘之は、時に七十七歳であったが、八

加藤鈴子夫人

加 藤 弘 之 邸

雑司ヶ谷の加藤家墓所

八十歳のときの著書

十歳に達しても、その学究生活を精力的に続けていった。すなわち大正四年、彼は『責任論』を書き、また『人性の自然と吾邦の前途』を書いたのである。その後著の中で、弘之は、社会風俗の紊乱（びんらん）・政党政派の堕落を嘆じ、なおキリスト教のわが国体に害あるを論じ、維新以来の急激・突飛（とっぴ）な欧化は自然的の応化とはいえないとし、「近五六十年の迅速なる発展が吾邦の前途の発展に関して幸福を来すべきものなるや如何」との疑問を提出している。それは権力主義的な立場での憂国の書である、といえよう。

逝去

そして弘之は、この翌年、すなわち大正五年二月九日、第一次世界大戦のさ中に逝去したのである。その葬送の儀式は、宗教を忌避（きひ）した彼の意思を尊重して、全く宗教ぬきで行われた。それは、参列者をして彼の唯物論者的潔癖（けっぺき）さをたたえしめた。

遺骸は東京雑司ヶ谷墓地に葬られている。

第二　性格・業績・思想

一　性　格

官僚的性格

加藤弘之は、上述によっても明らかなように平民的な人物ではない。端的にいって、官僚的な学者である。これが通説で、私も、この通説を支持するものである。それは、彼が幕臣の時代から、在野的であったことがなく、常に政府と権力の側に立っていた、という事実によって証明されるであろう。だから、政府が進歩的のときには、彼も思いきって進歩的であり、政府が保守的になるか、またはなりそうになると、彼もまた直ちに保守的になり、さらに政府が反動的なときには、彼もまた従って反動的な思想傾向にならざるを得ない、といった性格なのである。もちろん、その独学で修得したドイツ学が、このような官僚主義的性格をつくったものではない。このような官僚主義的または権力主義的性格が、むしろ彼をしてドイツ学にも赴かしめたのであり、また常に政府の代弁者または御用学者たらしめたのである、と見るべきであろう。すくなくとも彼は、権力や政府に対して毅然とはしていなかったようである。しかし逆に、ドイツ学への傾倒が、そのような性格を強化した、という一面をも看過すべきではないであろう。

自叙伝中の次の文章は、彼の官僚的性格を真正直に示している。彼はいう。

宮中席次

余の如きは本来貧士族から成り上つたのであるけれども、今日は親任官を辱くして居るから、宮中席次に於いては、公侯爵の上に列することが出来るのである。公侯爵といへば、近頃士族から成りあがつた人もあるけれども、然かも旧大将軍家、旧五摂家が公爵中の主なるものであり、又旧清華堂上や旧国持大名（又国主と言った）が侯爵中の主たるものであるといふことを考えてみると、余等封建時代の老人には、実に奇異なる感が起るのである。次には子孫のために一言しておきたいと思ふことがある。それは子孫は余よりも更に数層倍も優勝なる人間になつてもらいたいと言ふことである（『加藤弘之自叙伝』）。

これを、彼とよく対比せられる福沢諭吉が、子孫については、ただその健康のみを希(ねが)ったことや、『福翁自伝』の最後の一節などを思い比べてみると、興味が深い。曰く

私の生涯の中に出来(でか)して見たいと思ふ所は、全国男女の気品を次第次第に高尚に導いて真実文明の名に愧(はずか)しくないやうにする事と、仏法にても耶蘇教にても孰(いず)れにても宜しい、之を引き立て、多数の民心を和らげるやうにする事と、大に金を投じて有形無形高尚なる学理を研究させるやうにする事と、凡そ此三ケ条です。人は老して無病なる限りは唯だ安閑としては居れず、私も今の通りに健全なる間は身に叶ふ丈の力を尽す積です（『福翁自伝』岩波文庫版）。

ところで、弘之自身も、政府に縁をもつことのきらいな福沢が、学士院には喜んで参加しながら、年金を貰うことに反対して、この提議が容れられなくて辞職

してしまったことを、その「帝国学士院長退任祝賀会に於ける演説」の中で述べているのである。

福沢との比較

このような洒々落々たる平民的福沢の、幕末に於ける加藤弘之観（前示『福翁自伝』中の一齣）を見ると、さらに、その性格の相異を、いっそう顕著に教示されるのである。また殊に、福沢が、生涯官途につくことなく、常に総理大臣・伊藤博文ら政府大官の下風に立つことを、およそ甘んじないばかりか、のち次第に政府的立場に立つようになり、官民の和合協調を説くようになってからも、むしろ彼ら政府要人を指導するだけの気慨に終始したことを見るならば、弘之の官僚主義的卑屈さに、むしろ胸苦しさを覚えざるを得ないのである。それは、福沢の「独立自尊」意識と、弘之の「封建時代の老人」の立身出世主義意識との相異として、認識把握することもできよう。

小野梓及び新島襄との比較

否、さらに、『国憲汎論』を書いた小野梓の民主的性格や、キリスト教的平民主義の新島襄をもってきて、弘之と比較してみると、弘之の性格の官僚主義性、または権力主義性というものが、もう一段と鮮明になってくることを、何人も心に覚えざるを得ないであろう。例えば、新島襄が、自治と自由を唱えて、「常に自由の春風吹き居り候様いたしたく」といい、「君等宜しく改革家となりて、此の不潔なる天下を一掃し賜へ。決して名利に汲々たる軽薄児の轍を踏み賜ふなかれ」と訓え、また「益々良心の全心に充満したる丈夫の起り来らん事を望んで止まざるなり。」（『新島襄書翰集』）と叫んだ平民主義的気骨を想起して、小野及び新島の平民主義的性格と、弘之の官僚主義的性格との甚だしき相異を了知することができるのである。

雲表に聳ゆるその学業

確かに弘之は、官僚型の学者であり、官僚的性格の人物であった。彼が官学の総帥になったことは、それ故決して偶然の事ではない。然しまた彼は、二流・三流の官僚主義的俗物ではない。換言すれば、彼は一部世評の如き単なる曲学阿世の俗儒として終りしものではない。それは、その学問に於て、卓乎として雲表に聳(そび)える巨峰であることによるのである。例えば、中島力造博士・桑木厳翼(げんよく)博士・井上哲次郎博士らのいっているように、弘之は、その研究的精力と意志力とに富み、且つ温和で、公平無私で、真理探究以外には余念のない偉大な学究であったからである（『哲学雑誌』大正五年三月一日号、及び井上哲次郎『懐旧録』）。ただその真理探究の場を、国民の側に置くことなく、常に政府の側に置かざるを得ない性格の人であったのである。それ故、彼は終始政府の側に立って真理を見極(みきわ)めようとしたのである。このような態度をとる学者は、いつの世にも数においてむしろ多いのであるが、それは正しい立場ではなく、正しい学問を成就せしめる立場ではない。しかるに、弘之の場合、当局者的であり、官僚的であるにも拘わらず、真理追究の精神を堅持し得たのは、抜群にして極めて学術的な、その頭脳の賜物である、というのほかはない。すなわち、この極めて優れた学究的頭脳が、官僚主義的性格と立場とを超克(ちょうこく)して、彼を単なる官学者以上のものにし上げたのである、といわねばならない。かくして、

過激なる一面

襟度宏量

その頭脳が、その権力主義的性格を裏切ることもしばしばであり、一種の理想主義をも含んだ『強者の権利の競争』の如き世界的な業績をなさしめたのであった、と私は見るのである。またその言論または表現が、時として過激にわたることをまぬがれなかった一面の理由も、またここに存する、ということを得よう。かくの如く、当局主義的・権力主義的性格と、徹底した学究的性格とが、微妙に矛盾しながら、弘之の人格を形成していた、と私は考えるのである。彼が、「上からの民権論者」と称せられ、また天賦人権説を棄てて、実証主義または進化論に、いち早く移行したという離れ業も、当局主義に立脚しながら、しかも却って強く真理を追究しようとしたためであった、といっても、まちがいではなかろう、と思うのである。従って、それは「君子豹変」というようなものではない。彼が襟度宏量であったことも、真理を徹底して愛する、その強い好学的性格に基くものということもできよう。また彼が、老後も、すこしも怠らずして自説を練磨し、如何なる少壮者をも相手として蔑視することなく論争を辞しなかったことも、かくの如きその学者的性格を表明するものである。然しそれにもかかわらず、弱い者いじめ的に執拗にキリスト教徒攻撃を敢えてしたその官僚主義・権力主義・当局主義を閑却することは、とうていできないのである。彼は所詮「下からの民権論者」ではあり得なかったのである。それはまた、ユニークな社会的国家学説や、また進化的国家論にもかかわらず、その学問的到達点を、極端なるエゴイズムと皇室中心主義との結びつきに置かざるを得なかったゆえんでもある。

エゴイズムと皇室中心主義

二　初期の著作と思想

著述生活

弘之の著述生活は、文久元年（一八六一）、十六歳の時の『鄰艸』に始まって、大正四年（一九一五）、逝去の前年の八十歳の時の『責任論』に及んでいる。その思索は、死にいたるまで、ついに衰えることがなかったのであるから、まことにそれは偉大なる学究的生活であった、ということができよう。

㈠彼自身のいうところによれば、『鄰艸』は、わが国で立憲政体の事を論じた最初の著書である（『加藤弘之自叙伝』、加藤弘之述『昔の蘭学の話』等参照）が、それは福沢諭吉の『唐人往来』（文久年間）と同様の写本にすぎないものであり、オランダ学の影響下に書かれたもので、幕政の改革という観点から、隣邦中国の政治の改革になぞらえて、西洋各国の「万民同権」の議会政治を論じ、その制度をわが国に導入すべきことを主張したものである。

『鄰艸』

それはいうまでもなく、天賦人権思想に立脚したものであるが、この進歩的思想が幕府の蕃所調所の教授手伝として、幕府的の立場、すなわち当時の政府的・権力的立場においてなされていることを、注意すべきであろう。

㈡蕃書調所が、洋書調所と改名され、更にこれが開成所となって、慶応元年（一八六五）その教授職並のとき（三十歳）、彼は『西洋各国盛衰強弱一覧表』と『交易問答』と

『西洋各国盛衰強弱一覧表』

加藤弘藏譯述
西洋各國盛衰強弱一覽表
附圖
慶應丁卯孟秋　谷山樓藏梓

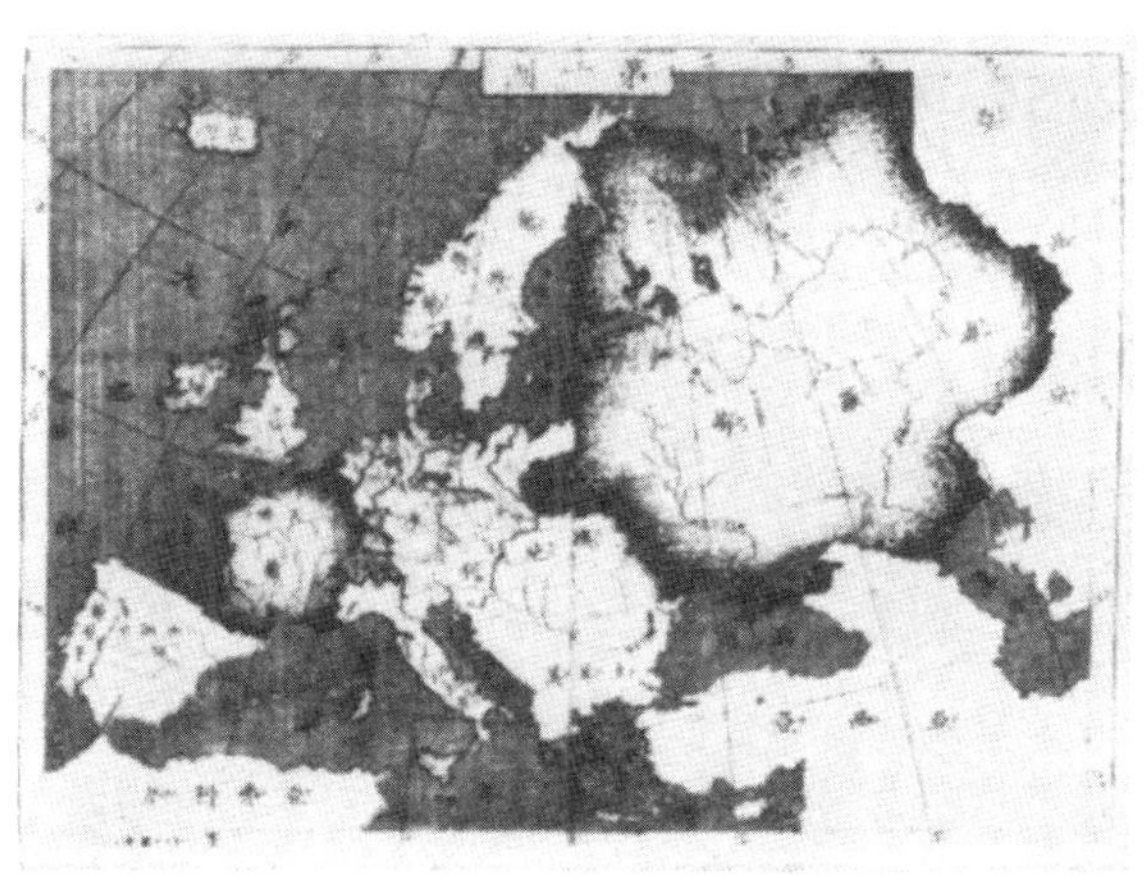

『西洋各国盛衰強弱一覧表』と附図の一部

いう、二つの啓蒙冊子を出版している。

前者は各国の国勢事情を図表に示しつつ、西欧の「君民同治」と「万民同治」とを紹介して、議会政治の善美にして採用すべきことを主張した、いわば『鄰艸』の内容を、すこしばかり発展させたものにほかならない。

『交易問答』

また『交易問答』は鎖国主義に対して、外国貿易必要論を展開したものであるが、この二つの論策は、啓蒙書である、という点で、ちょうど、福沢の『西洋事情』に匹敵(ひってき)する性質のものである。福沢も、この頃は、加藤と同じく、「上からの民権論者」であったが、しかし徳川時代においては、弘之の文筆活動は所詮(しょせん)、習作にすぎず、福沢のそれは、すでに習作以上のものであった、といえよう。

初期の三部作

(三)弘之の、初期の、天賦人権論的立憲政体思想が成熟・開花して、その三部作が相次いで出版されたのは、明治維新以後のことである。

(イ) その最初のものは、慶応四年、すなわち明治元年、その三十三歳の時に公刊

『立憲政体略』

した『立憲政体略』である。

『立憲政体略』は、『鄰艸』と『西洋各国盛衰強弱一覧表』とを合わせて書き直したようなものである。それは、僅かに二十六枚の小冊子にすぎないが、吉野作造博士の指摘しているように（『明治文化全集・政治篇』立憲政体略解題）、当時における最も啓蒙的な、学問的かつ歴史的

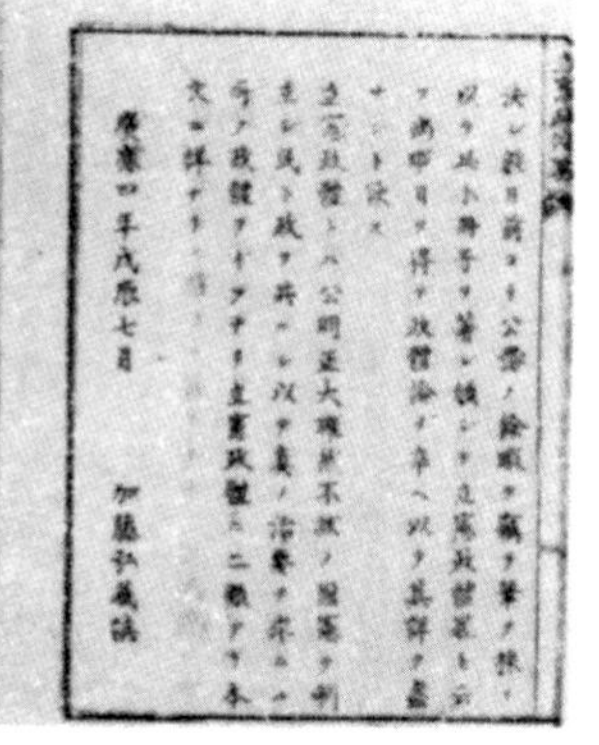

『立憲政体略』と内容の一部

な価値の高いものである。そのオリジナリティーの点では然し、津田真一郎の『泰西国法論』に及び得ず、また福沢の『西洋事情』が啓蒙的かつ実際的で、普及した如くに普及しなかったことは、いうまでもない。

同書は、政体総論・上下同治・万民共治・国民公私二権の四章より成る体系のものである。

すなわち彼はまず、五政体を紹介し、そのうちの立憲政体たる上下同治と万民共治とを、公明正大・確然不抜の国憲を制立し、真の治安を求めるものとして概観し、とくに三権分立制度と司法権の独立と公私二権とを説明して、憲法政治を採用すべきことを教示したのである。いうまでもなく立憲政体の採用は、幕府と同様、明治政府の方針でもあって、その立憲政体必要論は、依然として政府的立場に立つものであった。もちろん立憲政体必要論は、弘之ばかりでなく、官僚的たると、民間的たるとを問わず、当時の学者のすべてに共通する通説的立場であったのである。

『真政大意』

(ロ) 初期三部作の第二は、明治三年(一八七〇)、その三十五歳の時の『真政大意』上・下二巻である。この当時彼は、大学大丞より転じて、侍読となっていたのであるが、それは明治政府の文明開化政策絶頂の頃で、集議院が開かれ、大学校が開設せられ、新聞等の刊行が許可せられ、また翌年には藩籍奉還が行われ、徴兵令が制定せられ、学制が頒布(はんぷ)された時代である。

『真政大意』上下

『真政大意』はすなわち、このような明治初年の昂揚(こうよう)期に著わされたもので、その理論的鋭さは、明治政府の意気込にも似たものがあった。

その上巻は『立憲政体略』の論旨

を敷衍(ふえん)して、立憲政体の基調としての天賦人権論の鮮やかな展開を示しており、未だこれに対する学問的疑惑を示してはいない。すなわち彼は、真政の大意を説述して安民の要件を論じ、治国の本意たる臣民の生命・権利及び財産の保護を以て政府の目的なりとし、憲法制定の必要を激越なる口調(くちょう)を以て力説しているのである。しかしすでに、モール・ブルンチュリ・ビーデルマン等を読んで、ドイツ学的保守傾向と漸進主義的性格とをあらわし始めているのである。言葉を変えていえば、副島らの民撰議院開設に対して、彼が構えた尚早論の基礎理論をすでに形成しているのである。さらに、その下巻では、自由放任主義と保護主義の是非を論じて折衷(せっちゅう)説を立てているのであるが、その漸進主義と折衷主義論のうちに、彼の官僚的性格の成長を知ることができるのである。

また、『真政大意』の中に紹介されているコンミュニズム（共産主義）・ソシアリズム（社会主義）の語が、邦語文献として最初に用いられたという説は、吉野作造博士によって唱えられているところである（吉野作造『閑談の閑談』及び拙著『加藤弘之の国家思想』参照）。

(ハ) 弘之の初期三部作の第三は、明治七年（一八七四）、三十七歳の時に刊行された『国体新論』であり、

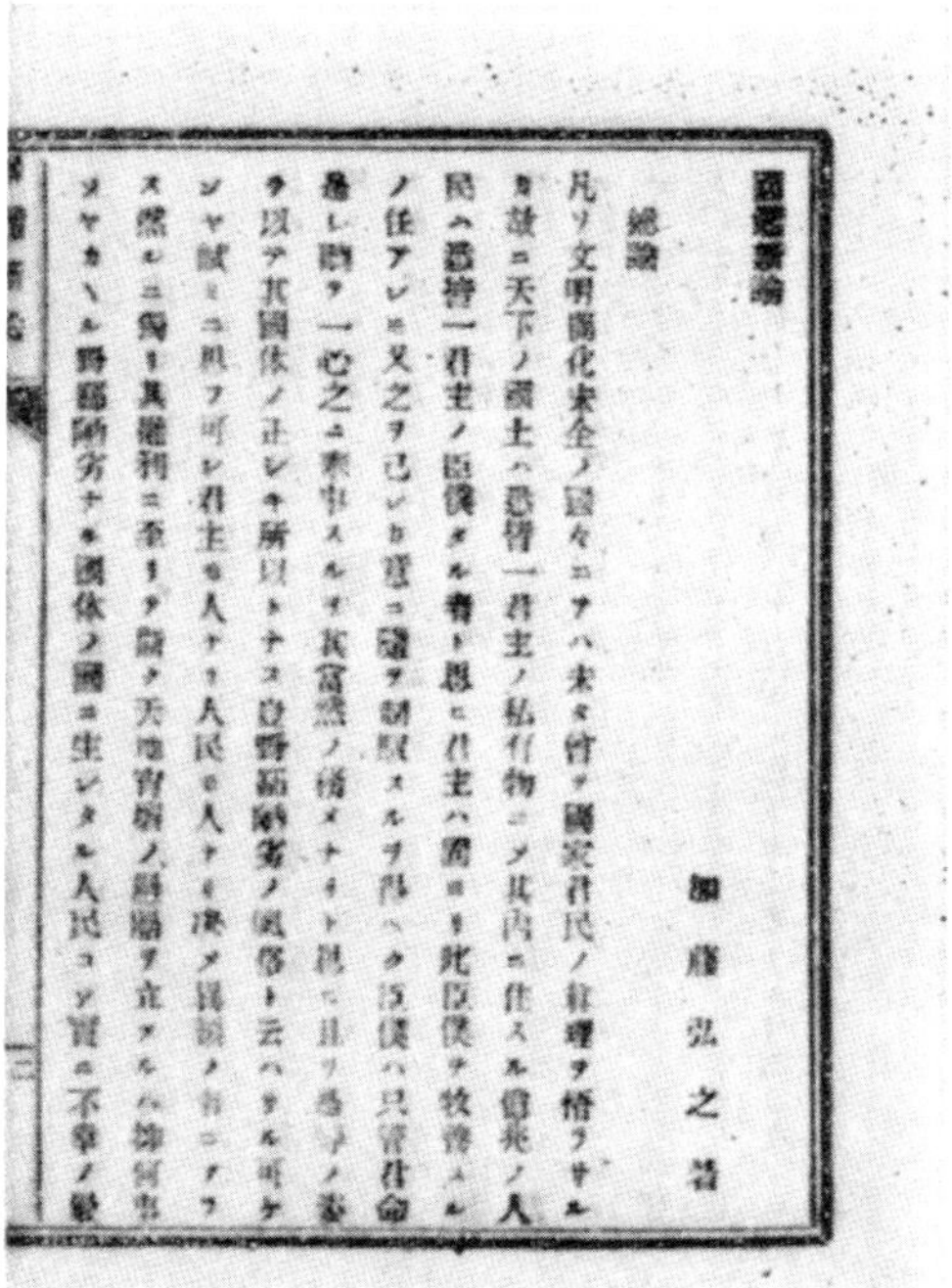
國體新論

總論

加藤弘之著

凡ソ文明開化未全ノ國々ニテハ未タ曾テ國家君民ノ眞理ヲ悟ラサルカ故ニ天下ノ國土ハ悉皆一君主ノ私有物ニシテ其内ニ住スル億兆ノ人民ハ悉皆一君主ノ臣僕タル者ト思ヒ君主ハ固ヨリ此臣僕ヲ牧養スルノ任アレハ又之ヲ己レカ意ニ随テ制馭スルヲ得ヘク臣僕ハ只管君命是レ聽テ一心之ニ奉事スルヲ其當然ノ務メナリト思ヒ且ツ是等ノ姿ヲ以テ其國体ノ正シキ所以トナス豈野鄙陋劣ノ風俗ト云ハサルヲ得ケンヤ試ミニ思フ可シ君主モ人ナリ人民モ人ナリ決シテ異類ノ者ニアラス然ルニ獨リ其權利ニ至リテ斯ク天地霄壤ノ懸隔ヲ立ツル抑何事ソヤカヽル野鄙陋劣ナル國体ノ國ニ生レタル人民コソ實ニ不幸ノ最

『国体新論』

『国体新論』

初期の政治思想は、これによって完結している。

もちろん、それは前二著に示された思想の発展物であるが、彼はここでは、

「国家臣民ノ真理ヲ概論シ、以テ公明正大ナル国体ヲ示サント欲シ」ているのである。すなわち「国家臣民の真理」というその表現のうちに、ドイツ学的な保守傾向のいっそうの強化を見うるのである。またそこには、国体と政体の区別観が示されており、しかも立憲政体讃美の論調が一段と強く、かつ鋭く、その思想における立憲主義と権力主義との矛盾の激化程度を正直に露わしているのである。

思想的矛盾

しかし、それの骨子は、国学者流の封建的専制主義に対する駁論(ばくろん)なので、自由民権論者からは大きな支持を得たが、守旧論者や国権主義の海江田(かえだ)信義らからは手痛い非難を浴びせられ、結局絶版にしなければならなくなったのである。

これについて、彼は次のようにいっている。曰く

絶版

……其筋より内命を以て右国体新論は速に絶版すべし、若し又自分にて絶版せざるならば政府より絶版を命ずべしとの説諭がありました。然る所小生は既に数年前より進化説を信ずる事となって、最初信仰の天賦人権説は最早空想論として全く取らぬことであつ

た故、従来著述したる書は大抵取消さねばならぬ事になつて居りましたが、従来の著述を取消すには、まず新主義の著書を出ださねば不都合である故、取急ぎ新主義の著述に従事して居る最中に右国体新論絶版の内諭が出でました。誠に都合の悪き時でありましたが、併（しかし）右の次第で仮令（たとい）内諭なくとも国体新論の如きは全く小生の新主義と正反対のものである故、速に自分にて絶版いたしました。……（『加藤弘之講演全集』第四冊）。

この引用によって明らかなごとく、弘之が、初期三部作の圧巻たる『国体新論』を書いていた時には、すでにその思想的変更が始っていたのであるが、しかもそれを彼は明らかに示すことなく、この書物を出版したのである。すなわち、変更した思想とは異なった『国体新論』をとにかく、公表したのである。

このように、『国体新論』は、弘之の初期の思想が一致しがたい矛盾に陥ったときに著わされたもので、「天賦人権思想とドイツ学的な実証主義の矛盾は、この著書において極点に達したといわねばならない。然かもそれは、板垣退助の立志社が土佐に創立せられたのを始めとして、天賦人権の声漸く大となりつつあった時であるから、それと逆行するが如き彼の学問的傾向は、極めて興味深い事と言わねばならないのである」（拙著『加藤弘之・強者の権利の競争』解題）。

『国体新論』の内容

なお私の『加藤弘之の国家思想』は、この『国体新論』について、次の如くに述べている。その「第一章は国家起源論であるが、実力説・征服説・一元説の真理性を認めつつ、国家の起源を人の天性に帰せしめており、かくて半ばは、天賦人権説・半ばは実力説に拠っているということができるであろう。否、その実証主義的傾向が、前者よりも一段と濃厚さを加えており、すでにその天賦人権思想を蟬脱（ぜんだつ）しつつあった事が知られるのである。第二章は、国家目的論で開明主義的な福祉国家思想、または警察国家思想を取っている。第三章では、家産説的国家思想を駁し、第四章では人民の権利を論じ、また立憲政体の限界を論じている。第五章では参政権と兵役権及び納税の義務に論及して参政権制限の必要を説き、

第六章では自由権、第七章では国体・政体の区別を論じて、前者が目的または実事で、後者が手段または形貌（けいぼう）である事を力説してゐるのである」（同書）。

福沢の『文明論之概略』との対比

このような『国体新論』を以て、弘之の初期思想たる天賦人権説は、とにかく終りを告げたのであるが、しかし、このことが顕著になったのは、もちろん後年のことに属する。この書の出版の翌年に出た福沢の『文明論之概略』が、なお天賦人権説を根拠とするものであったことを対比して見ると、その各々の民権論の「立場」の相異の対立が、明らかにわかるのであるが、福沢の「立場」も、やがては妥協的となっていって、結局は政府的となり、弘之の思想的変更の跡を追うことになったことは、否定され難い事実だといわねばならない。ただ弘之の変更は、時代に先んじてなされたがために、まず守旧論者から問題にされ、また次いで民権論者から裏切者として論難せられるにいたったのである。

㈣弘之の思想的変更を助けたものは、さきにも述べたように、そのドイツ学であ

ブルンチュリ『国法汎論』

ブルンチュリ『国法汎論』

るが、とくに彼が、従五位で侍読の職のときに、ブルンチュリの『アルゲマイネス スターツレヒト』の大綱を進講し、これを翻訳して『国法汎論』と題して文部省より出版した（明治五年）ことが、彼の思想的変更を決定した因由にもなっている。のみならず彼が、後年、世界国家思想を展開するにいたったのも、明らかに、ブルンチュリの影響にほ

ビーデルマン『立憲政体起立史』1—6

ビーデルマン『西洋各国立憲政体起立史』

かならぬのである。彼のこの翻訳が、時としてその著書以上に評価されるのも故なしとしない。それは、幾度かまた版を重ねて普及した。そこで、例えば、穂積陳重（のぶしげ）博士の如きは、「当時此書大ニ行ハレテ、本邦ニ公法及ビ国家学ノ思想ヲ拡ゲルニ於テ顕著ナル効果ヲ生ゼリ。本邦国家学ノ興起、津田真道、西周其他ノ諸先輩ニ負フ所亦タ極メテ多シト雖モ、世人ノ特ニ先生ヲ推シテ国家学ノ開祖ト為ス所以ノモノハ、主トシテ此書アルニ因ル」（『国家学会雑誌』大正五年三月一日号）、と評価しているゆえんである。

また、ビーデルマンの立憲政体史を翻訳して、『西洋各国立憲政体起立史』という訳名で出版（明治八年―九年、黄表紙の和本六冊）しているが、これは『国法汎論』の如くに広くは行われなかった。ただ、弘之の初期の思想を変えさせる上で役に立ったと言う点で、看過（かんか）できない訳業であり、明治七年、後藤象次郎・副島種臣・板垣退助・江藤新平らの民撰議院設立建白の運動に対して彼が唱導した尚早論も、このビーデルマンに負うところが極めて大きいのである。

三　転向期の著作と思想

『人権新説』

㈠『人権新説』。弘之の主義一変後の最初の著書は、明治十五年出版の『人権新説』であるが、前著『国体新論』の出版後、足掛け十年を経過している。この間、弘之は、侍読から、元老院議官となり、明治八年またこれを辞して、ちょうど一年間を閑散の裡(うち)に病を養い、のち明治十年二月一日(四十二歳)、開成学校(後の東京大学)綜理嘱託となり、十二年、東京学士院会員となり、十四年(四十六歳)、東京大学綜理に任ぜられている。しかし彼は、東京大学の教授であったのではない。ただ大学綜理としての、その行政的公務の傍ら、すでに変説した思想を成熟せしめるための読書と思索とをつづけていたわけである。

当時の論苑

しかるに、この十年間は、自由民権運動または国会開設要求運動が熾烈(しれつ)を極めたときであって、植木枝盛（『民権自由論』）・児島彰二（『民権問答』）・福本巴（『普通民権論』）・外山正一（『民権弁惑』）・三宅虎太（『民権論編』）らの著書や、松島剛訳スペンサー（『社会平権論』）・肥塚竜訳トクヴィル（『自由原論』）・中江兆民訳ルーソー（『民約訳解』）等の翻訳書も簇出した。これに対し、福沢は、『分権論』『民間経済録』『学者安心論』『通俗民権論』『通俗国権論』『民情一新』『時事小言』等の論策を、つづけさまに発表しており、文明論に立脚した

『人権新説』口絵

官民調和論を漸次展開して、権力的・保守的傾向を、いわゆる「下からの」野党的立場で深めていった。また英米流の国権論者で政府の官員であった金子堅太郎は、ボルク『政治論略』を公けにして、これに対抗したのである。

思想転向の理由

すでに、ブルンチュリ及びビーデルマンの研究によって、天賦人権説の「迷夢」から脱していた弘之が、保守化した政府の権力主義の選手として、バックルを読み、ダーヴィンを学び、スペンサー及びヘッケルの進化思想に教えられて、金子堅太郎と同様に、進んで決定的な反天賦人権論者として、自らを運命づけていったことは、むしろ自然であった、といえよう。弘之は、このような彼自身を次のように語っている。曰く

> 余の主義の一変したと言ふのは、抑々如何なる訳である乎といふに、余は英国の開化史の大家バックルの著書を読んで所謂形而上学なるものの殆んど荒唐無稽なることを初めて知り、専ら自然科学に依拠せざれば、何事をも論究する能はざることを感じて、それ

から、ダーキインの進化論や、スペンサー、ヘッケル其他の進化哲学の類を読むこととなつて、宇宙観人世観が全く、変化したためである（『加藤弘之自叙伝』）。

弘之の、このような思想的転向の、漸く顕著になったのは、明治十二年以後のことであった。すなわち同年には、東京愛宕下青松寺の講談会において、また翌明治十三年には、東京両国中村楼の講談会において、天賦人権説に対する反駁の演説を行っているのである。それより更に進んで、ヘンネ＝アム＝ライン・イェーリング・ヘルワルド・シェッフレ・リリエンフェルト等を読んで、社会的ダーヴィニズムの見地に自信をもつようになり、かくて明治十四年、初期の三部作を絶版にして、その流布の取締りを内務省に願い出たのであるが、更に新聞広告を以て、右三著の根本思想たる天賦人権説を棄て去ったことを、天下に宣言したのである。そしてその翌年に、天賦人権論に対決して、進化論的権利説の主張を内容にした『人権新説』を出版したわけである。これは十月に初版を出し、十二月に重版となり、翌一月一日改訂三版を発行した。それは生存競争と優勝劣敗を論じて天賦人権は妄想にすぎないと論じたもので、天賦人権論者に対して極めて挑発的なものであったことも原因となり、弘之の著作中、最も社会の注意を喚起し、後述のように、直ちに反駁論ブームを惹起したのである。

『人権新説』の内容

『人権新説』は、第一章に「天賦人権ノ妄想ニ出ル所以ヲ論ジ」、第二章に「権利ノ始生、及ビ進歩ヲ論ジ」、第三章に「権利ノ進歩ヲ論ズルニ就テ要スベキ注意ヲ論ジ」る、という体系を成している。大要は次の如くである。まず彼は、天賦人権説は妄想主義に依るもので、蜃気楼の如きものであるから、実理をもってこれを駁撃することは容易だといい、自然社会における生存競争と自然淘汰の事実が発展して、近世の政党的闘争になったのだとなし、「上等平民」（ブルジョアジー）の支配権の妥当性を強調するのである。つまり、ブルジョアジーの政治権力を、天賦人権説によってではなく、進化論的実証主義によって合理化しようと試みたわけである。第二には、権利の起源と発達について、鞏固な社会たる国家の成立に基づくものと断じ、国家前の社会と国家とを峻別して、国家前の社会においては人民の権利なく、しかも国家において初めて生じるにいたった権利は、優勝劣敗の原則により、大優勝劣敗の作用によって、「小優勝劣敗」を制しているものである。すなわち、国家の「大権」を以て、各個人の権利が保護されるばかりでなく、「宇内大共同」(世界国家)の成立の可能性にまで論及しているのである。しかしてかくの如き権利の進歩を、漸進的に図るべきことを説き、従って飛躍(革命)の不可なることを説くのである。そして、その結論は、普通選挙主義に反対する、という政府の側の見解を代弁しているのであり、最も有力なる政府的漸進主義であり、反自由民権論的であった、といえよう。

その初期の三部作も漸進主義の点で、変っていないのであるが、立論を異にした『人権新説』が自由民権運動に対し最大の妨害的理論を提供したことは疑うべくもない。そこで、これに対する駁論や非難が、陸続として現われてきたことも不思議ではない。

『人権新説』論争

(二)『人権新説』論争。『人権新説』に対して反駁の続出したことは、前述の如くであるが、矢野文雄・外山正一・馬場辰猪・植木枝盛らが、その主たる反駁者であった。反駁論続出の原因は、いうまでもなく、変説ということにもよるが、十年近くその理論を練った弘之の自信にもかかわらず、なお論旨等の未熟であったことにもよることは、彼自身も、のちになって、告白しているところである(『加藤弘之自叙伝』)。しかし、この反駁は、彼をいっそう論争家として鍛え上げることになった、ということができよう。とにかく弘之は、『人権新説』に対する反駁を喫して以来、とくに論争好きになったことは、否定され得ない事実である。もちろん、その以前においても、彼は論争に熱心であり、すでに民撰議院開設論に関する論争を経験している。そのときの政府の防衛を助ける彼の立場は、むしろ攻撃の姿勢であって、防禦の低姿勢ではなかった。しかし『人権新説』の場合には、それ自身が挑戦（ちょうせん）的に、天賦人権論攻撃と自らの新説の主張を内容としている、攻撃的なものであるにもかかわらず、自由民権論者の大なる憤怒を買って、一斉射撃的な非難を浴びせられて、自説防衛の立場に押し込められた観がある。『人権新説』に対する反撃が如何に甚だしいものであったかということは、その改訂三版で、「此書初版刊行以来今日ニ至ル迄未ダ僅カニ七十日ヲ出デザルニ、論者ノ之ヲ駁撃スルコト頗ル盛ニシテ、既ニ『人権新説駁撃新論』（石川正美氏編輯）『人権新説駁論』（梶木甚三郎氏編輯）『人権新説駁論集』（中村尚樹氏編輯）『人権新説駁論』（矢野文雄氏著述）『天賦人権弁』（植木枝盛氏著述）等陸続刊行スルニ至レリ。然レドモ、其ノ未ダ全編ヲ発兌（はつだ）スルニ至ラザルモノ多ケレバ、右等ノ書全編発兌ノ時ヲ俟（まち）テ徐（おもむろ）ニ余ガ復駁ヲ試ミント欲ス」といっていることによっても、これを知ることができよう。この引用文に挙げられているもののほかにも、『人権新説駁論集第一編』等があり、馬場辰猪の

『天賦人権論』、外山正一の駁文（「人権新説の著者に質（ただ）し併せて新聞記者の無学を怒る」「人権新説著者に質し併せてスペンセル氏の為めに冤（えん）を解く」）等が知られている。

矢野文雄の反駁

(イ) 例えば、福沢門下の矢野文雄氏は、「今余ヲ以テ其ノ立論ノ大体ヲ概評スレバ、本拠ノ論点甚ダ堅固ナラズ、寧ロ脆弱ニシテ駁論ニ勝ヘザルモノナリトス」と言う調子で、ダーヴィンの進化論や自然淘汰の説の紹介の箇所を避けて、『人権新説』の第一章、第十条以下の加藤説を駁しているのである。矢野文雄の駁論は、加藤説が、自然と人類とを混同するものであり、浅薄で残忍なる外道論であるとするのである。かくて社会現象と自然現象とを区別して、人間的道理論に立った反駁を展開する。依拠するところはミルやスペンサーである。かくして「道理権利ノ真体本源ハ凡テ人類天賦ノ性形ニ存在スト云ハザルヲ得ザルベシ」と言い、社会は「生存競争ノ天性、及ビ群居ヲ好ムノ天性、幸福ヲ発明スル智力等」の調和によって、最大多数の最大幸福を求めて漸次進歩するのであるが、天賦人権がないのではない、「自由平等ノ権利ハ其ノ実行ニ盛衰遅速アリトモ、此ノ権利ノ本体ハ曾テ消長生滅スルコトナシ」と説く。更に弘之の強者的権利説に対して、権利は隠然として常に人類とともに存在するものであるとなし、「自由、自治、平等、均一ト名ヅクル人生ノ最大権利ヲ得ルニ至ルノ時ハ、何レノ邦国ニ於テモ、夫ノ単独ノ性質アル優勝劣敗ノ作用ニ由ラズシテ必ズ一致共同ノ作用ニ由ルモノナリ。……之レヲ優勝劣敗ノ定則ニ帰シタルハ、其ノ意解スベカラザルナリ」という。また弘之が、英国が、英国人と均しい権利をその植民地に許さないことによって漸進論を主張したのを痛撃して、「英ト印度トノ例ヲ引証スルニ至テハ、其ノ不道理モ甚ダシト謂フベシ。印度人民ガ回復ニ充分ナル威力ヲ養成セザル限リハ、仮令幾百千年ヲ経ルモ、英国ハ決シテ之レニ自由権利ヲ授与セザルハ明白ナリ。豈道理ノ如何ヲ問フ者ナランヤ」といい、さらに弘之が、東洋の西洋に劣っている事を理由として、東洋人民に権利を与えることを尚早とすることの不道

馬場辰猪肖像

理を駁し、また西洋の物質文明乃至諸制度を移植しながら、人民権利のみを拒否することの不可なるを説き、人を急躁過激ならしめるものは、人民ではなく政治家の罪である、と論断するのである。

馬場辰猪の反駁

(ロ) また矢野文雄とともに、慶応義塾出身の馬場辰猪の反駁は、ベンサムの学説を論拠としている。すなわち自然の道理を説き、これによって『人権新説』の成立しないことを主張するのである。

第一に馬場辰猪は、弘之の天賦人権妄想論の粗略なることを衝き、天賦人権は妄想ではなく、たとい妄想であるとしても、有害ではない。学問はすべて妄想より発進したものであって、ダーヴィンの進化論もまた妄想より出たものだという逆説論法を用いている。かくして弘之を論難して、「著者ノ如キハ……自カラ進化主義ヲ説キナガラ、却テ進化ノ主義ヲ弁ゼザル此ノ如シ。亦憫ムベキノ至リナランヤ」、と断じているのである。

さらに弘之が「進化主義中良正ナルモノト不良ナルモノトヲ区別シ」ながら、その根拠も示していない奇怪な断定を指摘して、その進化主義の不徹底と、無根拠と、非歴史性と、軽躁とを攻撃して、権利は自然法より出ずるが故に天賦のものだと断じ、また天賦人権説の権利と、弘之のいう権利との相異、及び現行の法律と将にあるべき法律との混同すべからざることを説き、また「自然ノ道理ニ従テ、生存競争シテ以テ其権利ヲ伸暢セント欲スルハ所謂進化主義ニ適スル者ニシテ、却テ之レヲ排斥セント欲スルハ抑モ亦、何ノ心ゾヤ」といって、弘之の主張する漸進主義が、却って進化主義に逆行している点を難詰するのである。次の文章は、弘之の保守的誤謬を鋭く衝いているものといえよう。曰く既ニ開進シタル人民ガ新ニ外国ヨリ一種ノ政体ヲ移サント欲スル時ハ、始メ外国人ガ其政体ヲ創始スル時ニ於テ為シタル順序ヲ一々襲踏スルヲ要セザルモノナリ。然ルニ著者ノ如キハ欧州ニ於テ立憲政体ハ数百年ノ星霜ヲ経テ始メテ成リシ者ナレバ、国会ヲ開キテ立憲政体ヲ創立スルニハ、亦同ジク之レト同様ノ順序ヲ蹈マザルベカラズト云フガ如キ議論ヲナスハ、何ゾ其進化主義ノ真理ヲ知ラザルノ甚シキヤ。

また弘之が、私権の拡張を是認しながら、公権たる参政権の伸暢に反対している点を取り上げて、その矛盾を非難しながら二者の不可分を説き、普通選挙制度の採用こそ、進化主義に適合することになるのではないか、と主張しているのである。これを要するに、馬場辰猪は、弘之の進化主義が不徹底かつ不十分であるところに、その反天賦人権論の誤謬があることを明らかにしているのである。

(ハ) 植木枝盛の反駁

(ハ) 馬場辰猪とともに自由党の最も鋭い論客であった植木枝盛は、其の著『天賦人権弁』を以て、弘之の『人権新説』を駁撃した。

植木枝盛肖像

植木は、まず天賦人権が、「天然の人権」を指すもので、法律上の権利と区別すべきものであり、弱肉強食の世界であればあるほど、天賦人権論の必要があるのだと主張し、この道理を弁えない弘之の優勝劣敗一元論は却って妄想であり、的はずれのものである、と論難する。その攻撃ぶりは「天賦人権ノ川ハ南ヲ流ルルモノナリ。加藤氏ノ駁撃ハ北ノ川を塞ギタルナリ。天賦人権ノ的ハ東ニ在ルモノナリ。加藤氏ノ鉄砲ノ丸ハ西ニ走セタルナリ」といった調子である。

かくして植木枝盛は、常に天賦のものたる権利が、安全なる場合と、そうでない場合とのあることを説き、弘之の説は、権利の本然と、権利の保安との二者を区別しないものであるとなし、弘之の権利国家始源説を駁撃して、国家の発生が既存の権利を安固ならしめたることの誤解にすぎない、とする。すなわち、枝盛の議論は、道理論に終始するものであって、「天然ノ人権ニ至リテハ、縦ヒ邦国ナクトモ猶能ク其人ニ存スルコト疑ナキナリ」とする立場から、『人権新説』を駁しているのである。

植木枝盛は、かくの如き権利自然論から、社会人民または天下国家の欲するところの公議に従って、これを許与するのが時機にかなったことであるが、弘之の漸進的保守主義は自らを束縛する植物主義で、人間の自主的な進歩を理解しないものであるとなし、国家の発生によって生じた政治的権力の発達を促し、これを以て不変の権利を保護すべきものである。「暢然発達スルハ人ノ性ナリ。以テ天ニ称フトス。局然自縛シテ敢テ屯蹇タルニ甘ンズルハ、是レ其天ヲ棄ツルナリ。悖逆タルニアラザルヲ得ン乎。加藤氏ノ如キハ豈ニ悖逆ヲ世ニ教フルノ流亜タル歟(か)。鬼(き)ト謂ハザルベケンヤ」、と難じているのである。

弘之のいう優勝劣敗は、結局は自由同権に帰着する、とするところの枝盛の道理論的反駁は、弘之がこの進化を否定するところに、その根本的誤謬(ごびゅう)の存することを明らかに指摘し、「加藤氏ハ爾(しか)ク進化説ヲ基トシテ天賦人権ノ妄想ニ係ルト云フコトヲ論ジ、人間ノ同権ヲ非トスルノ言ヲモ発シタリ。……果シテ然ラン乎(か)、加藤氏ハ已(すで)ニ自ラ相撞着(どうちゃく)スルノ事実ヲ以テ其一篇ノ書中ニ記載シタルモノナリ。何ゾ其レ迂闊(うかつ)ナルコトヤ」といっているのである。結局、保守主義と進化論とは矛盾するもので、弘之の議論は通用しない、というのであるから、この論法は、弘之の進化主義的・保守的人権論にとって致命的であった、といってよいであろう。

外山正一の反駁

㈡ 弘之と同じく進化論者であり、同じく東京大学に属する外山(とやま)正一教授の『人権新説』批判は、最も興味深いものがある。

社会学者外山博士が、弘之を攻撃したのは、これが最初ではない。すでに、その民撰議院開設尚早論等を、民権論者に対すると同様に、反駁していたからである。外山博士は、このような第三者的な立場で、『人権新説』とその反対説を、批評したのである。いわば学者然（ぜん）として高くとまっていた観あり、ともいえる。その「人権新説の著者に質（ただ）し併せて新聞記者の無学を怒る」と題する論評中で、

外山正一肖像

博士のいっていることは、反天賦人権説は、弘之の考えているような新奇の説ではなく、天賦人権説同様に陳腐（ちんぷ）な説にすぎない、とするのであって、いわば弘之と、その論難者とを小馬鹿にしているのである。「鳥のなき里に棲（す）まねばかはほり（こうもり）の独りうそぶくことはあるまじ」というその狂歌を以

て、弘之をからかっていることが、この辺の消息を示している。

弘之は外山博士を早速「復駁」（『学芸雑誌』）したが、外山博士はこれに対し、「再び人権新説著者に質し併せてスペンセル氏の為に寃を解く」と題して、再批評をした。この再批評で、外山博士は、弘之の復駁は牽強附会の説で、放任できないとして、例えばミルを進化主義論者である、と強いていることや、またベンサムと天賦人権論との関係についても、スペンサーについても誤解しているのは、笑止千万だというのである。要するに、弘之は、過激的民権論の存在が、理由なくして存在するものでないことを理解していないから、その進化主義は偽りの進化主義であり、また静穏なる天賦人権論でもあると論じ、再び狂歌をもって弘之を、からかったのである。次の二首が、それである。「牛込の天狗の鼻は堅うして加藤の歯には合はぬしろもの」「番町の天狗の鼻は砕けたりつがんとしてもつぐ術はなし」。弘之は、この痛棒をくらって、虚を衝かれて、ただ沈黙するほかはな

十年の研究開始

かったのである。

(ホ) のみならず、弘之は、諸家の集中的反駁に会って、その人権新説の理論的未熟さ、幼稚さをさとるにいたり、反駁をあきらめたかの如くに、十年の日子をかけて帝国大学の経営に従事するかたわら、

弘之58歳（明治26年4月）

余暇を駆って、もっぱら社会的ダーヴィニズムに磨きをかけることにその精力を傾倒したのである。かくて明治二十六年、五十八歳のときに、邦文とドイツ文の『強者の権利の競争』を著わして、執拗なる反駁ぶりを示したわけである。否、それ以後に書かれた弘之の著書・論文の多くも、『人権新説』論争の継続であっ

たといえなくはないのである。しかし、すでに天賦人権説は雲散霧消していたのであり、彼の攻撃のそのときの直接の対象は、理想主義の哲学であり、またキリスト教がその論難の餌食になったのである。

四　最大の労作『強者の権利の競争』

邦文とドイツ文の『強者の権利の競争』

㈠『強者の権利の競争』は、まずドイツ文の『Der Kampf ums Recht des Stärkeren und seine Entwickelung』を出版し（東京市京橋町兜町一番地製紙分社にて印刷、明治二十六年五月六日非売品として発行）、邦文の方は同年十一月二十九日、哲学書院より公刊せられた。ドイツ文の方は、菊判紙装で二〇一頁、後者は菊判紙装で二四四頁。従って、決して大著とは言い得ないものである。

さらに翌年（すなわち一八九四年）、ドイツ文のベルリン版が刊行された。その出版書店は、フリードレンデル＝ウント＝ゾーン書店で、これは東京版のものよりも大型で、

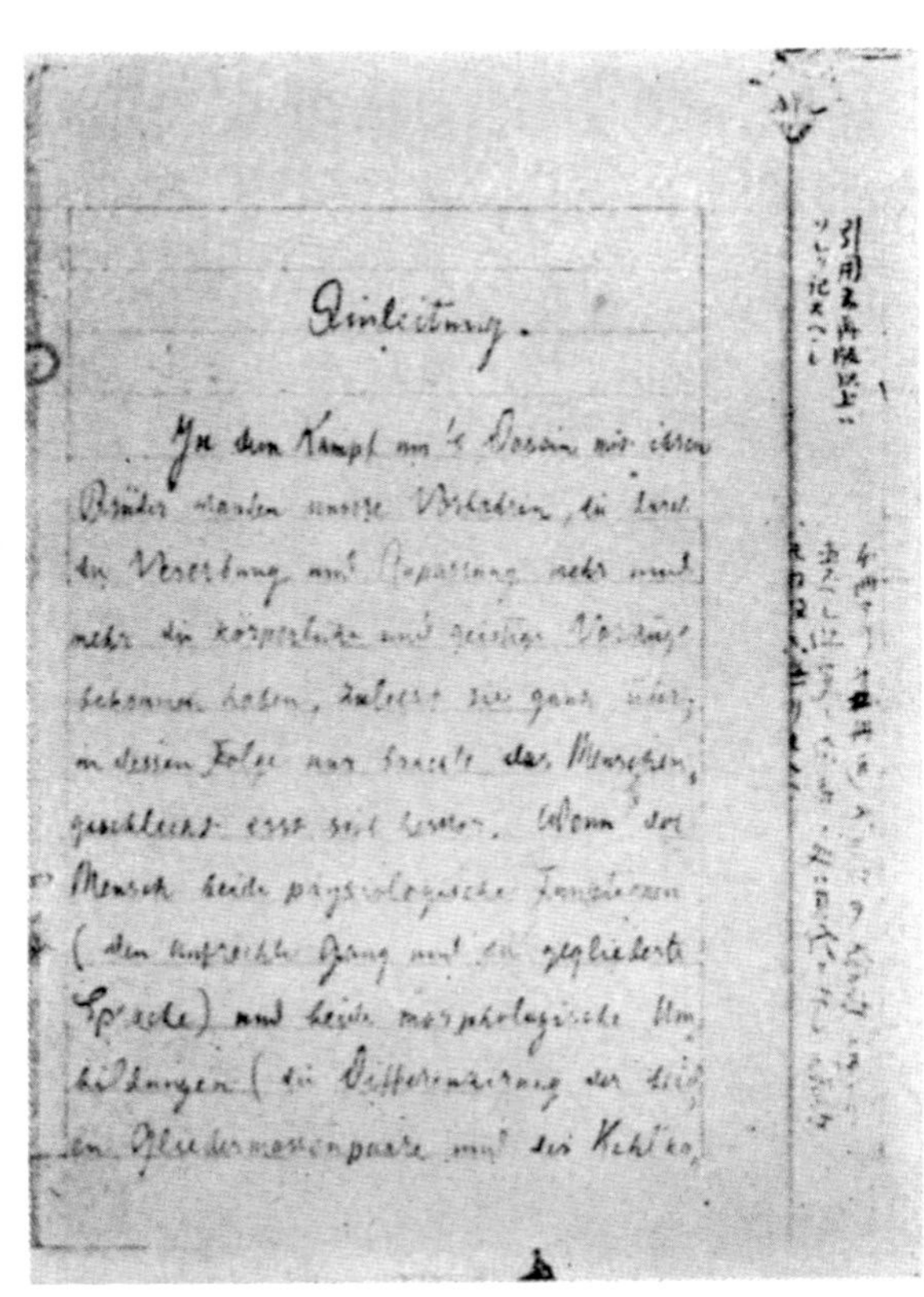

ドイツ文『強者の権利の競争』の序文の草稿

INHALT.

ドイツ文『強者の権利の競争』の目次

従って頁数は一五四頁になっている。この方の著者の肩書は、Weiland Rektor der Kaiserlichen Universität Zu Tokyo（東京帝国大学学（総）長）となっている。

邦文のものと、ドイツ文のものとを較べると、序文がすこしく異なっており、書名と目次は大体同じであり、後者が、すこしく詳しく、内容についても、この程度の相異がところどころに見られるのである。ドイツ文版にある人名が、邦文版になかったり、詳・簡の相異のあることや、ドイツ文版には註があって、邦文版には全然註を付けていないことなどが、目につく。要するに、邦文版のものよりも、ドイツ文版の方が、論文的体裁を整えている、ということができよう。その執筆の順序は、まず日本文で書かれて、のちにドイツ文に訳され、ドイツ人の校訂を経て、初めて稿が出来上ったようである。

弘之は、ちょうどこの執筆の十年間、東京大学綜理を明治十九年まで勤め、それ以後、元老院議官となり、明治二十三年、再び帝国大学総長となり、この著書の出版前に、これを辞して宮中顧問官となり、また東京帝国大学法科大学の講師になっている。この十年間に、明治初期の時代思想であった天賦人権論が大きく転換して、実証主義または社会的ダーヴィニズムが支配的な国家思想となるにいたるもとがつくられたのであるが、それには、弘之の努力が与って大きいのである。すなわち弘之は、『人権新説』に対する批判に対する反批判はしなかったのであるが、種々の問題について、この立場から諸家を論難し、また明治二十二年以降の三年間、雑誌『天則』を発行して、自然法説否定の研究の成果を発表した。また講演も行った。明治二十四年には、『加藤弘之講論集』が出版されている。その中には、「天則・強者の権利の定義・強者の権利と自由権との関係・強者の権利と道徳法律の関係・人為淘汰により人才を得るの術を論ず・倫理の進歩発達は殊に強者の権利の進歩発達に因由す」等が載録されているが、これは『強者の権利の競争』の執筆が、漸次すすめられていたことを思わせるものである。

『天則』

『加藤弘之講論集』

執筆の過程（自由史の研究）

現に遺(のこ)されている弘之の草稿書類（東京大学附属図書館蔵）中の『強者の権利の競争』関係の五種類の文書によると、明治十六年七月三十日起稿（十一月十五日脱稿の第一草稿「自由史」「自由の進化」）が最初のもののようであり、これが「自由権の進化」（十一月十六日起稿、途中で中止）となり、「自由史」の方は十七年十月十五日に脱稿している。さらに「自由史」は再び同年同月二十六日及び十八年三月八日、また十八年四月五日に、それぞれ起稿した三冊がある。第二部類の「自由権ノ真義」（十七年一月十九日起稿）、第三部類の「自由論」（Die Freiheit und Gewalt）（十八年五月十六日起稿、七月二十八日脱稿、十八年八月十六日起稿、十一月二十五日脱稿、十九年一月十九日起稿、二月二十六日脱稿の三冊、第一冊には欄外に「ドイツ文の目次」が付いている）を経て、第四部類の草稿六冊（「Die Entwickelung der Freiheit」と言うドイツ語の表題で、目次もドイツ語、引用もドイツ語、本文は日本文、十四章六冊になっている）が、第一冊は十九年三月五日に起稿され五月十二日に脱稿、第二・第三・第四と順次書き改められて、第六冊目は十月九日に起稿、十一月十一日に脱稿している。そして第五部類の草稿は「Das Recht des Stärkeren」という標題で、すべてドイツ文で書かれている。それは三種あるが、二十年以後の執筆である。而して第二部類の第四

社会学的「法哲学」・権力論・国家論

冊は、二十一年四月二十一日に起稿、五月十九日脱稿と誌され、第三部類の二冊には日付がついていないのである。

このようにして、『強者の権利の競争』の草稿は、ちょうどその元老院議官在官中に整えられ、さらに推敲（すいこう）が重ねられ、二十三年以後、帝国大学総長在職中に仕上げられたときには、さすがに「身体大に衰弱して勤務も難儀である故」二十六年三月辞職した、といっているぐらいである（『加藤弘之講演全集第四冊』）。

(二)　『強者の権利の競争』は、その序文にもいっているように、グンプロヴィッツ・イエーリング・シェッフレ・ヘンネ＝アム＝ライン・テイラー・ポスト・スペンサー・ヘルワルド等の諸学説に決定的な影響を受けているが、またかつて彼の訳したブルンチュリの学問と思想が底流をなして、そこに残っている。彼自身もいう如く、この著は「社会発達ノ事蹟ニ徴証シテ論弁」した社会学的「法哲学」であり、内容的には社会学的権力論であり、また社会学的国家論であり、つまり権力的国家論である。いうまでもなく、その基調は、社会的ダーヴィニズムであり、生存競争的、すなわち優強劣弱的競争論を根拠とする進化論にほかならない。かくして彼は、権利とは、権力の相互の競争によって生じ、かつ進化するものだ、ということを説いているのである。この点について、私は、かつて『加藤弘之の国家思想』(六四頁)において、弘之は、「権利の根源を権力に出づるものとし、即ち認許せられたる権力、即ち勝を得たる権力を以て権利であるとしてゐるのである。然し、同時に権力を以て強者の権利であると見てゐるのである」と述べたのであるが、『強者の権利の競争』の内容を、今ここですこしく詳しく見ることにしよう。

『強者の権利の競争』の内容

すなわち、第一章で説いているのは、天賦人権説の駁撃と権利法定説である。第二章では、生物の心身の資質的異同がその強弱優劣を結果して、強者の権利の競争と優勝劣敗と社会とを生じたのだとして、いわゆる社会学的国家論を展開する。第三章において、強者の権利がすなわち自然権であることを主張する。第四章では、権利と義務の並行現象が、開明国における強者と弱者の権力の平均化としてあらわれたものであること、そして人間の権利はかくして高尚かつ優大なものとなったことを論じている。

以上が総論で、第五章以下は各論になっている。すなわち、治者と被治者の強者の権利の競争とその権利の進歩発達（五・六章）、上等族と下等族の強者の権利の競争とその権利の発達（七章）、自由民と不自由民の強者の権利の競争とその権利の発達（十章）を、それぞれ論じているのであるが、弘之の展開している実力説的権利論は、倫理学的には功利主義に結びつくものであり、エゴイズム（利己主義）にほかならない。すなわち弘之が、彼ののちの諸著書において、その徹底した利己主義の理論を発展させることになった出発点がここに見られるのである。換言すればこの著書によりかつて天賦人権論者であった弘之が、これを棄てて極めて明白に社会的ダーヴィニストとなり、更に進んで功利主義・利己主義の徹底した理論家となっていった過程を知ることができるのである。いわば、その思想遍歴の峠にあたるものが、すなわちこの『強者の権利の競争』にほかならなかったのである。

ドイツ文版の反響

㈢　学問的に整備されたこの『強者の権利の競争』は、しかしわが国において反響のすくない学術書として迎えられた。その点、反駁ブームを惹き起した十年前の『人権新説』に比すべくもない不人気の著書にすぎなかったのであるが、それだけに、学問的には高水準のものであったことを示しているのである。

すなわち日本における場合と異り、ドイツ文の『Der Kampf ums Recht des Stärkeren und seine Entwickelung』の方は、ドイツにおいて、可成りの反響を呼んだのである。例えば、ベルリーネル＝ターゲブラット・ケルニッシェー＝ツァイツング・アルゲマイネ＝ツァイツング・ディー＝ポスト等の諸新聞が紹介

グンプロヴィッツの批評

と短評を加えて、その学識の該博を讃えたのであるが、然しその学説の独創性は認め得ないという評価であった。

しかしディー＝グレンツボーテン誌は、可成り詳細にその内容を伝えた。殊にグンプロヴィッツが、アナルス＝オブ＝ザ＝アメリカン＝アカデミーに掲載した短い批評は、相当にこれを評価しつつ、とくにその世界国家論（宇内統一国家必至論）を批判して、これを空想主義である、ときめつけたものである。すなわちグンプロヴィッツは、社会学的実証主義に徹底してペシミスティックなるに反し、弘之の所論は、ブルンチュリの世界国家思想を実証主義に結びつけていた、半ばはオプティミストの折衷説であったからである。フランスの新聞ルタンもこれを批評したが、これは当然に好意的なものではなかったのである（以上『加藤弘之講演全集』第四冊第一附録による）。

グンプロヴィッツは、『社会学原理』（一八九五）の著者であり、社会学的国家論の創始者だとせられる学者であるが、弘之は、このグンプロヴィッツの批評に対し、

グンプロヴィッツに対する弘之の反駁

直ちに「拙著に対せるグンプロヴィッツの批評を読む」という一文を発表して反駁した。その大意は、グンプロヴィッツが、時代の古今、社会の開否を弁えずして、法律と権力が、強者の弱者に対する圧倒の具にほかならないとするのは誤謬であって、その弘之批判は不当だ、というのである。その点で、弘之は、ラッツェンホーファー・オッペンハイマー等の社会学的国家論に似ている、と見ることができよう。なお、ラッツェンホーファーの『政治の本質と目的』は、弘之の『強者の権利の競争』の出版された一八九三年、『社会学的認識』は一八九六年に出ており、オッペンハイマーの『国家』は一九〇七年に出ているのである。

弘之は、ドイツの諸新聞の批評に対して一文を草してこれを駁し(『先哲未言』)、この反駁に丸山通一が批評を加え、さらにこの批評を弘之が弁駁した。弘之の論争癖は、かくの如くに愈々さかんなるものがあったが、天賦人権論者は、その頃すでに影を没して、彼に攻撃を加える者は遂に現われなかったのである。

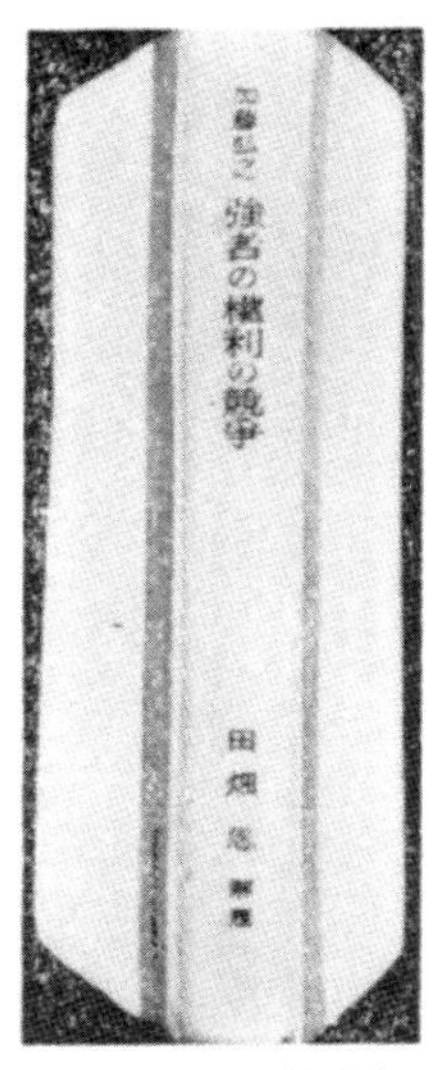

日本評論社版『強者の権利の競争』

zu iure divino die wahre Quelle aller Obrigkeit. Die höchste Gewalt in einem Staate werde nicht durch das Volk geschaffen. Denn dieses sei von Natur unvermögend, sich selbst zu regieren, habe also auch kein natürliches Recht hierzu. — KATO, *Der Kampf ums Recht des Stärkeren* (1894): Überall sei Kampf, auch in der Gesellschaft. *Recht* entspringe daraus, daß entweder die unterlegenen Schwachen die Gewalt der Stärkeren anerkennen oder zwei gleich Starke eine gegenseitige Anerkennung vornehmen. Das finde innerhalb eines Staates statt, wie auch zwischen verschiedenen Staaten. — Allein das bietet bloß eine genetische Beschreibung, wie man zu *Recht* gelangen möge, — läßt jedoch die systematische Frage nach den bedingenden Merkmalen des Begriffes *Recht* in Wahrheit unbeantwortet. Es kann aber der Unterschied von Recht und von willkürlicher Gewalt nicht durch die Anerkennung des unterworfenen Schwächeren begrifflich festgelegt werden, weil dabei die bloße Macht für sich in dem Zustande der Uneingeschränktheit verbliebe. Umgekehrt liefert die Anerkennung eines sozialen Wollens durch die unter ihm Verbundenen nur den Begriff von Konventionalregeln, als nur einladenden Sätzen, und läßt den selbstherrlichen Anspruch, mit dem die rechtliche Gewalt in der Geschichte auftritt, unbeachtet (vgl. § 8, III; auch § 13 und 16).

シュタムラー『近代における法学説及国家学説』第12章(56頁)

しかるに、弘之の歿後になって、ドイツ新カント学派の巨匠シュタムラーが、『近代に於ける法学説及国家学説』（一九三五）を著わし、その第十二章を「強者の権利」と題し、その一部を充てて弘之のこの所説を評価し、論評を加えているのである。

これに対し、必ず地下の弘之は、満足の微笑を浮べているにちがいない。おそらく、明治時代におけるわが国法学者の学説で、外国において高く評価されているものは、比較法学にかんする穂積陳重の学説とともに、弘之のこの著書に述べられている学説ぐらいではなかろうか、と思われるのである。

五　晩年の四部作と「愛己主義」

ここで晩年の四部作というのは、『強者の権利の競争』以後に出版されたその道徳及び法律に関する主論著を指す。

第一作

その第一は、『強者の権利の競争』の補遺の如きものとして、翌明治二十七年(五十九歳)に出版された『道徳法律之進歩』という三章より成る小冊子で、その実証主義を徹底して、倫理学的利己主義を主張したものである。

倫理学的利己主義

第二作

第二は、明治三十三年(六十五歳)に、前著を改訂増補して出版した『道徳法律進化の理』であるが、さらに明治三十六年(六十八歳)に大増補改訂の第三版を出している。これは前版に百八十余項の増訂をしている。その進化論に貫ぬかれる利己主義・功利主義・一元主義・唯物主義・経験主義が、いっそう明瞭に論述されている。

第三作

第三は、明治三十九年(七十一歳)に出版された『自然界の矛盾(むじゅん)と進化』であるが、これは「自然造化の三大矛盾と進化」という問題意識をもって構想されてきたもので、前二著と同様に、道徳法律の進化発展を、矛盾の法則をもっている進化論によって解明しようとしたものである。

第四作

第四は、大正元年(七十七歳)に出版された『自然と倫理』であるが、これは前三著と異り、特に倫理及び道徳を自然との関係において考察し、さらに国家の問題に説き及んだものである。『国家の統治権』(大正二年)『責任論』(大正四年)及び『人性の自然と我邦の前途』(大正四年)等は、すべて『自然と倫理』の補遺であり、従って『自然と倫理』が、彼の最後の主著であった、と私は見るのである。

しかも、以上の四部作、及びその関連の諸小論著や反キリスト教関係の諸著書のすべてが、あらゆる意味において、最大の主著『強者の権利の競争』の各論または応用論または発展的補遺としての意味をもっている、といわねばならない。ただ、彼は『強者の権利の競争』の改訂は、これを望みつつも、遂に果し得ずして天命を終えたのである。

進化主義の要約

この著書及びそれ以後に明らかにした新主義、すなわち進化主義について、弘之は、要約的に次の如くに述べている。曰く

其進化主義なるものは畢竟(ひつきよう)一元主義、必然主義、因果主義に帰するもので、此宇宙を純自然的発展と見るのであるから、別に此宇宙を支配する大意思、大理性杯(など)云ふが如き怪しきものを毫(ごう)も認許せぬ主義である。……猶(なお)ここに一寸述べねばならぬことは、余の利己主義といふことであるが、此利己主義なるものは、全く右の一元主義に就いては右等の書に最も詳述して居る考へである。……余の利己主義に拠ると、凡そ忠孝仁義即ち利己といふことになる(『加藤弘之自叙伝』)。

弘之の利己主義

要するに、弘之に従えば、社会を維持発展せしめる動力は、「唯一利己」または「純乎的利己心」であって、愛他心はそれの変性にすぎない。かくして生じる生存競争・権力競争・優勝劣敗・人為淘汰等の自然法が行われて、道徳法律等も生じ、その進化が促進されるのだ、というのである。

以下、その四部作を検討して、彼の晩年の思想を見ることにしよう。

『道徳法律之進歩』

(イ)　『道徳法律之進歩』。これは、その晩年の思想の原型ともいうべき地位を占める。すなわち唯一利己より、利他の、社会的生存によって派生することを説き、道徳法律の進歩は、このような生存競争に基づくのである、と主張するのであって、前述のとおり、社会的ダーヴィニズムの徹底を示すものである。

この頃の論敵

彼は、この著刊行の年に、『二百年後の吾人』を出し、また三十二年(六十四歳)に『天則百話』を著わし、『哲学雑誌』に「先哲末言」を書いている。そして、この当時には、井上円了・西村茂樹・元良勇次郎・大西祝・中島力造らによって、倫理学関係の論著が続々出版せられ、ショーペンハウエルの道徳論の訳書なども出ており、これらのものが弘之の唯物主義の学説を包囲していた観がある。唯物論はこのように決して時代思想ではなかったのである。とくに、井上円了の『破唯物論』は、弘之の唯一利己主義を批判の対象としているのであるが、弘之はのちに『破破唯物論』を書いて、これを一酬(いっしゅう)したのであった。

『道徳法律進化の理』

『破破唯物論』

『道徳法律進化の理』

(ロ)『道徳法律進化の理』。これは、四部作のうちで最も学的体系を整備しているものである。すなわち上編と下編より成り、項数二一三。上編の四章で愛己心及び愛他心」を論じ、下編の九章で道徳及び法律の進化を論じている。またその第三版は、前示の如く、諸家の批評に答えて、さらに百数十項を増補しているのである。

「純平的愛己心」

この三版では、とくに利己主義的功利説と進化論の立場が詳説されている。すなわち社会の維持発展の原動力として、「純平的愛己心」(エゴイスムス)を考え、「愛他心」(アルトルイスムス)は「純平的愛己心」の変性したものにすぎないと考えて、「変性的愛己心」に感情的愛他心と智略的愛他心(以上自然的愛他心)と教養的愛他心(人類的愛他心)の三つを区別するのである。このように、人間の心性は、すべて愛己心に帰するとする愛己的一元論を提唱し、

国家の愛己心

かくの如き愛己心の発達が、国家社会の発達を促すのであり、そして個人の愛己心に対して、社会的有機体たる国家の愛己心が上位に立つが故に、前者は後者の犠牲となるべきものであり、しかもそれは、すべて社会における権力競争の結果である、と論じているのである。そこで、よく見ると、そ

れは唯物論とはいうものの、思弁的な一種の唯心論の如きものになってしまっている観があるのである。

しかし、この極端な利己主義の主張が、世の論難攻撃の的になったことは、むしろ当然のことであって、かつて『人権新説』出版の時に匹敵（ひってき）するものがあった。しかし、その論敵は、もはや人権論者ではなく、倫理学者と国家主義者とであったが、彼はそれらの論難をその真意の誤解であるとして、すこしも屈せず、愛己説・進化主義が、「忠君愛国」に反せずして、却ってこれを助長するものであると弁じ、更にこの立場から、激烈なる宗教攻撃を始めるにいたったのである。それは思うに、国家主義からの被攻撃の不利な立場を、有利なる攻撃の立場に転じたものとも見えるのである。また弘之の愛己主義を批判した倫理学者としては、井上哲次郎博士・元良勇次郎博士・中島力造博士・熊谷五郎学士・中島徳蔵らがあり、彼らの論壇は、主として『哲学雑誌』であった。弘之が早速論争巧みに、

「忠君愛国」

彼らを反駁したことはいうまでもない。この年、彼は男爵を授けられており、また『加藤弘之講演全集』四冊を出版している。

『加藤弘之講演全集』

なお『道徳法律進化の理』の第三版は、その表題を『増補改訂道徳法律進化(の)理第三版』と改め、上編に三章を増訂し、下編にまた三章を加えて、内容においても、或いは改め、或いは詳論に及んでいるので、別著といっても誤らず、といった趣きがある。

『増補改訂道徳法律進化迺理第三版』

(ハ)『自然界の矛盾と進化』。この四部作中の第三著は、前著を更に深く掘り下げたもので、二年余の日時にわたり、大患後の衰弱と闘って書き上げた五百十八頁の大著である。それは、何よりも自然に着眼し、進化における矛盾の法則に着眼した点に魅力(みりょく)がある。すなわちこの論著の副題は、「自然界(有機界)に於ける三大矛盾と進化就中道徳法律の進化」となっているが、「唯一利己が固有であり且つ自然界に三大矛盾あるがために、唯一利己が因となり三大矛盾が縁となって、そ

『自然界の矛盾と進化』

れで進化が起るという理由を論じた」ものである。前にもいったように、唯物論を唯心論的に解釈したものだという感じが強い。

弘之の、三大矛盾というのは、時々刻々に生じる有機体の数とその生存必需物との矛盾、動物の生存とその食餌(しょくじ)との矛盾、及び有機体の根本動向とその心身力とにおける矛盾、この三矛盾である。彼は、このような自然現象の考察より出発して、社会の進化を理解するのであるから、いわば自然の進化中における社会の進化を説くわけである。

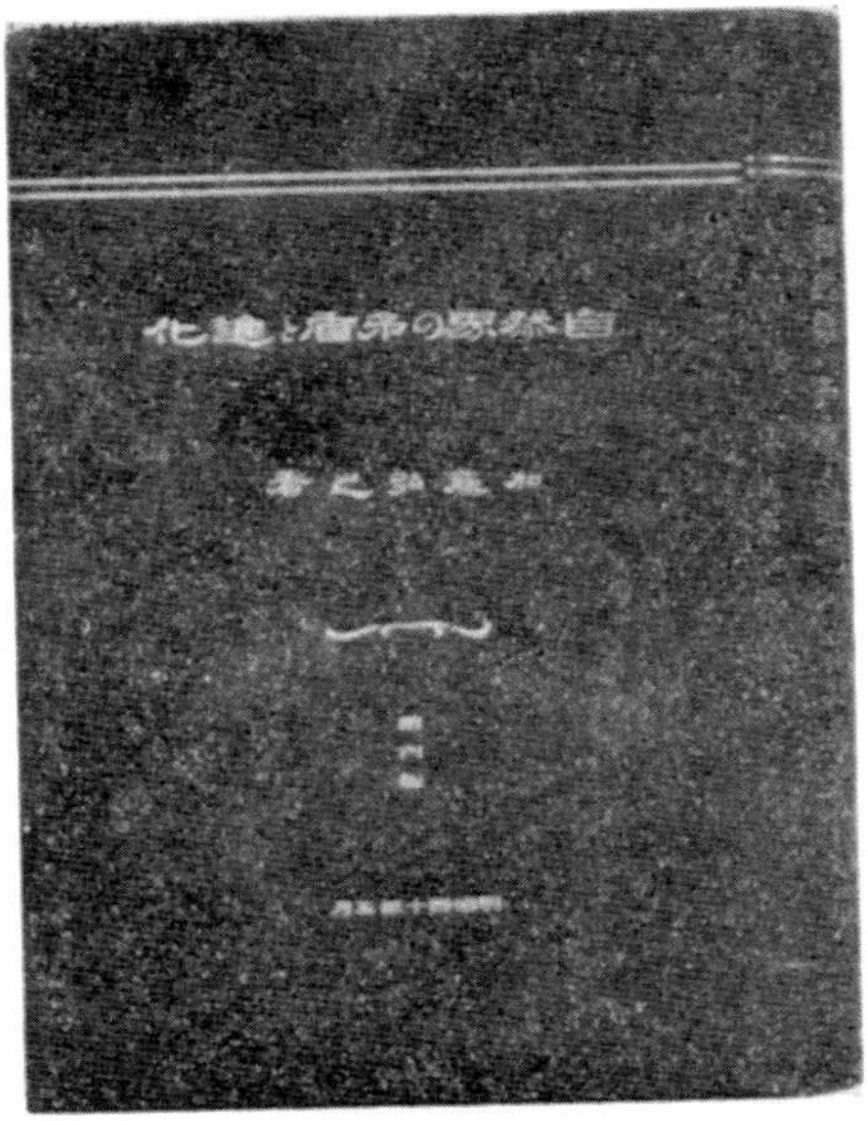

『自然界の矛盾と進化』

その進化論は、かくして自然進化論なのである。すなわち彼は、生存競争・権力競争・優勝劣敗・淘汰主義の自然法則、すなわち天則によって社会は進化する、道徳・法律・宗教また然りとするのであるから、このような進化主義説において、階級分化と、戦争とが、社会の一大利益であるとして評価せられるのは自然であろう。

階級と戦争の評価

弘之は、まず、緒論で、目的的宇宙観と因果的宇宙観、そして超自然法と自然法、二元主義と一元主義、意志の自由と意志の必然、造化と進化、有機体の根本動向に関する二元主義と一元主義等を論じ来り論じ去って、この宇宙間には一の神秘もなく、一の不思議もなく、一の絶対的意志もなく、一の目的もなく、一の超自然法もなく、ただ一定の自然法すなわち因果法のみがあるのだ、と説く。

次いで第一講で、自然界の三大矛盾、第二講で有機界の生存競争自然淘汰、第三講で人類の生存競争自然淘汰、第四講で国家内の生存競争自然淘汰、第五講で各国家相互間の生存競争自然淘汰、第六講の国家の内外における個人または団体相互間の生存競争自然淘汰、第七講で生存競争と人類間における進化、第八講で階級闘争と道徳法律の進化、第九講で人為淘汰と道徳の進化について講述している。そして最後に、このようなものとしての将来の道徳法律の進化を展望しているのである。すなわちこの著書は、弘之の国家観や法律観や道徳観の基礎理論としての、自然的進化論的世界観を詳述したものにほかならない。

この著書に対しても、遠藤吉三郎・米斎木仙酔・森近運平等による若干の批評が現われ、弘之はとくに遠藤理学博士の批評を批評した。が然し両者間に激烈なる論争は行われなかった。前示の如く、この頃での激論は、まず弘之が仏教に対し、また次いでキリスト教に対して攻撃を開始した宗教論争である。それは、明治四十年〜四十二年にいたって、猛烈の度を加えたのであるが、これについては後述する。

(二)　『自然と倫理』。前述のように、これは、弘之が齢喜寿に達して得た、その学問・思想の生活における総決算の如き意味を有するものである。すなわち彼は、自然法に基づかない学問は学問たる価値がなく、宗教は迷想にすぎない。将来の学問は、自然科学も精神科学も、すべて数理に根拠して発展することになり、生物学が自然・精神二大学問のメディア（媒体）になるであろう、とする趣旨に立って、その自然法則主義の理論的展開を試みたのである。

その内容は、第一章から第五十二章に及び、カント・スペンサー・ヘッケル・ダーヴィン・ヴント・井上哲次郎らの諸説を縦横に批判している。また、道徳・倫理も自然法の一部なりと論断しており、このような構想において、有機体説的国家論を展開しているのである。従ってその点で、社会学的国家論の破綻を示している、ということもできよう。つまり、国家を考察するに当って、愛己主義にまで遡って道徳及び法律の目的を究めようとした方法論が、彼をここに導いてきたものといえよう。言葉を換えていえば、その社会学的考察を、忠孝の国民道徳論に結びつけようとして、社会と国家の理論としては不徹底な有機体説的国家論に行きついたものであって、そこに唯物論は変質せざるを得ないのである。

『国家の統治権』

弘之のかくの如き国家論の特徴は、その独特の統治権論の中に見られるのであり、それは君主を以て思惟中枢である、とする君主主体説を抱懐するところの族父的統治権説にほかならないものである。すでにこのアイディアは、『自然と倫理』の中で概述していたものであるが、その補遺として大正二年に出版された『国家の統治権』において、さらに詳しく論述しているのである。すなわち、その国家有機体説をいわゆる法人説から峻別して、国家は自然的な存在である以上、従って国家の統治権は君主に固有するものであって、国家には存在しないのである、と強弁するのである。それが、滑稽感を抱かせるのは、ことさらに生物学・生理学・進化学に論拠して論述されている、といった印象のためである。殊に日本の

日本の国体観―君主主体説

国体こそは、最も典型的な族父統治の国であるから、国家の自然的本性に最適のものであり、而して君主主体説は日本において最も当を得た学説だというにいたっては、まさにドイツのヘーゲルの観念論哲学たる国家道徳説を思わせるのであ

正想と迷想

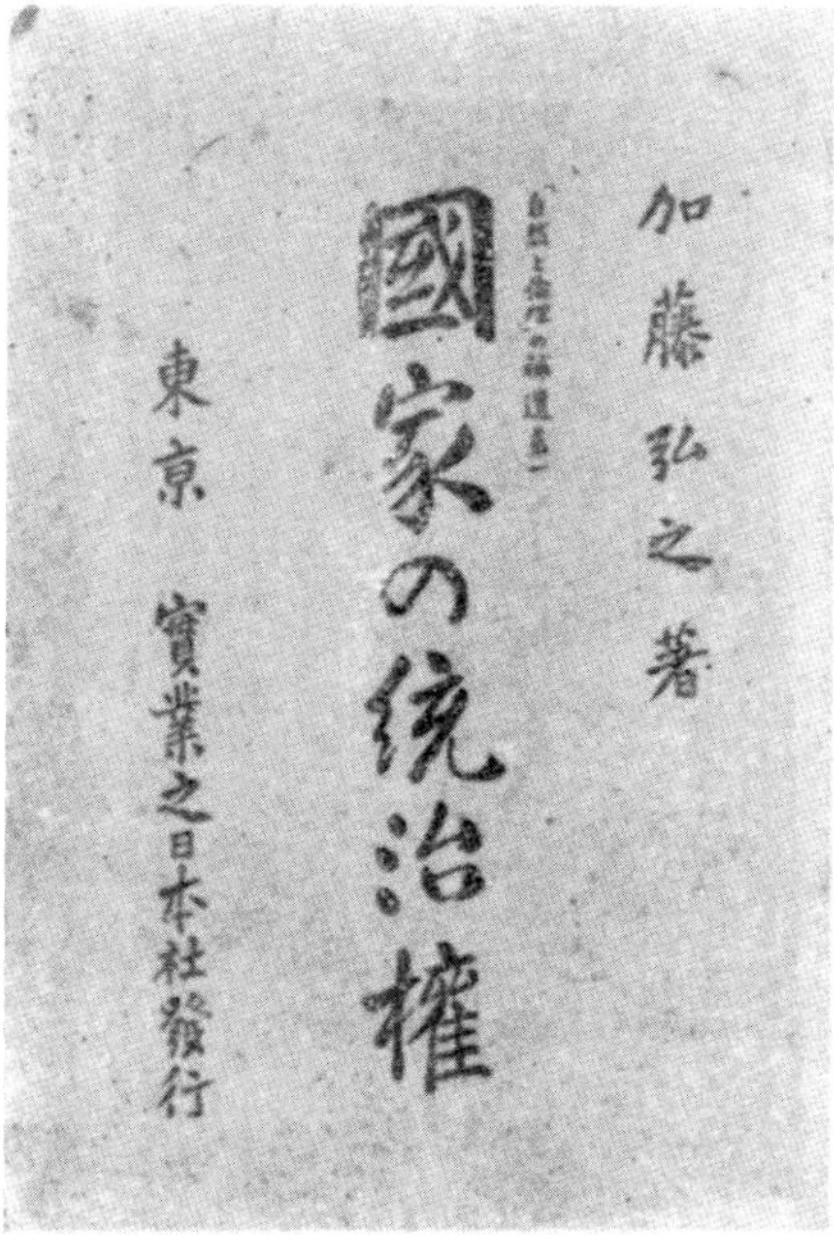

『国家の統治権』

って、そこには、もはや進化論も、社会学も、実証主義も、そのいうところの「正想」はすべて吹き飛んでしまって、一片の「迷想」が大きく巨体を横たえている、といった恰好になってしまっているの

である。

『責任論』

また、『自然と倫理』の補遺第二として、大正四年（八十一歳）に出版された『責任論』は、意志不自由論乃至必然論を展開したもので、責任制の社会的必要を説いて、当時流行のオイケン及びベルグソンに対立しているものである。

『人生の自然と吾邦の前途』

さらにまた、『自然と倫理』の補遺第三として、同年に著わされた『人生の自然と吾邦の前途』は、自然科学主義または遺伝応化論に拠（よ）って、わが国の前途を論じたものである。すなわち、意志の不自由と道徳法律の進化、その本源としての利己、利己より派生する利他、個人と国家との関係、さらに日本独特の国体を称揚し、青年の軽佻浮薄（けいちょうふはく）と老年の堕落を憤り、さらにキリスト教の害毒を論じたものである。

『自然と倫理』のこれら三つの衛星的著述をなしたその翌大正五年に、弘之は遂に長逝したのだが、その年にも「儒教は功利主義なり」という小論文を書いている。この最晩年において彼が徳川時代の荻生徂徠の思想に共鳴するようになっていたことも注意しておくべきであろう。例えば彼は、「孔子の道と徂徠学」という研究を発表しているのである。

弘之の著書・論文はもちろん叙上のものだけではない。

その他の中には、『新常識論』『日本の十大勝算』『学問の話』『二百年後の吾人』『小学校教育改良論』『雑居尚早』『徳育方法案』等があり、また多くの論文や雑文がある。その死の数日前迄、思索と研究を止めなかった弘之としては、それは当然のことと言えよう。

しかるに、彼の全集または選集が、今日なお出ていないことは頗る残念なことといわねばならない。

六　世界国家思想

「宇内統一国」

弘之の国家思想のうちで、最も特筆すべきものは、その世界国家思想だということができよう。世界国家のことを、彼は「宇内統一国」と呼称しているのであるが、それは彼がなお天賦人権説を信奉していた頃に、ブルンチュリの『国法汎論』によって学んだものであるが、この思想を天賦人権説を一擲して進化主義的人権説をとるようになり、反撃と闘いながら想を練ってゆくうちに自らのものとするにいたったわけである。かくして、その「宇内統一国論」をまず『人権新説』でとり上げ、次で『強者の権利の競争』の筋金にしたのである。

彼の「宇内統一国論」は、それ故、生存競争的・闘争的社会観に立脚する。その場合、社会と国家とは同義に解せられ、人種・民種・民族・国民・人民等もまた同じ意義の言葉として使用されているのであって、言葉を変えていえば、それ

闘争的国家論

は闘争的国家論・闘争的民族論の上に立った世界国家思想にほかならないものである。すなわち弘之によれば、社会・国家・人種・民種・民族・国民の内部における闘争を、他のかかるものとの闘争において、それらのものが成り立っている、とするのであるから、その世界国家思想の立脚点は、一種の多元論的なものである、といわねばならない。

一元論と多元論

人類の起源に関するその立場はしかしながら一元論であって、「抑々世界全人類ハ其本源蓋シ一ニ出ヅ」(『強者の権利の競争』(日本評論社版))といっているのであり、このような一元論が、前示多元論に不徹底に結びついているのである。すなわち彼は、つづけて

其各人種ハ本源ノ一ナル故ヲ以テ互ニ相愛スルモノニハ非ズシテ、却テ互ニ相憎ムコト多シ。草昧未開ノ人民ニ至リテハ、外邦人は総テ之ヲ仇敵視シテ敢テ之レガ権利ヲ敬重スルノ心ナキモノナリ。是ヲ以テ野蛮ノ各部落ハ相争闘スルヲ常トシテ、互ニ平和ノ交

際ヲナスコトハ殆ド罕レナリ（右同書）。

というのである。

民族闘争

さらに彼は、この民族闘争は同じ形相をとることなくして、歴史的に変移する、と考える。そこで次のような所論の展開となる。すなわち、極めて野蛮未開の戦勝民は、戦敗敵人の肉を食ったが、すこしく進歩せる未開人は殺食を廃して奴隷制度をつくった。他民族を仇敵視する自尊自大の風は、文明民族たるギリシャ人・ローマ人・中国人・ユダヤ人等にも強く、彼らは他人種を蔑視するが故に、そこに国際法発生の余地がなかった。しかるに、中世ヨーロッパにおいて、キリスト教が盛大となった結果、各国各人民の平等主義が行われるようになり、しかもローマ法王の大権がヨーロッパをその掌中に十分に収め得ず、また宗教的偏見から異教の国家の誅伐を事とし、ために未だ国際法をつくるにいたらなかった。けれども近世となり、そこにグロティウスの哲学が起り、これがキリスト教の平等

キリスト教平等主義

グロティウスの哲学

国際法の発達

主義と、ゲルマン民族の気象風習とに結びつくを得て、初めて国際法の進歩発達を促した。しかのみならず、大帝国衰亡後におけるヨーロッパ各国の権力の衝突による平均が、人類一般の道徳・法律の進歩発達をもたらし、そこに国際法を行わしめるにいたった、とするのである。

各民族の「利己心」

「天則」

つまり弘之は、各国民の開化、各国家の力の平均が、平和的な民族関係または国際法的な関係を生ぜしめるにいたったのだ、という歴史的進化論をとるわけであるが、それの基づくところは、各民族の「利己心」の作用するところであり、「天則」だとするのである。故に、民族間に、利害の異同を生じる時には、一変して国際法は勢力を失い、平和は粗暴猛悪なる権力闘争に変らざるを得ない。その原因は多元的に存在している各国の連合の状態が、未だ統一された社会有機体たる一つの大国家になっていないということにある、と論じ進むのである。

このようにして、国際法の発生・成長・実施等の観点から、その「宇内統一国論」の展開がなされるのだが、文明国民と、弱小未開人種との間における国際法の行われざる原因を、強者なるヨーロッパ人の権力と利己心に在ることを論証し、「基督（キリスト）ノ正教ヲ奉ゼル文明開化ノ欧人ハ、極メテ暴猛獰悪ナル野獣ト称セザルヲ得ザルナリ」（前掲書）となし、しかもこれを以て当然の「天則」なりとするのである。「蓋シ列国ハ未ダ相団結シテ倶（とも）ニ一大邦国ヲナセルモノニ非ザレバ、其相互ノ関係ハ各個人ガ相合シテ一国ヲナセルモノトハ全ク其理ヲ異ニスルモノニシテ、固（もと）ヨリ毫末（ごうまつ）ト雖、自己ノ利益トナラザル点ニ於テ他国ノ利益ヲ謀ルベキ道理絶テアラザルナリ」（前掲書）と説き、かくて「宇内統一国」の実現しないかぎり、民族利己主義は不可避であるとなし、民族同胞主義または人道的博愛主義の民族観を論難するのである。

人道的博愛主義の否定

このように弘之は、現実の民族的闘争をリアル（現実的）に眺めながら、しかも同時に「宇内統一国」の実現を考想するのである。曰く世界各国ハ今日ニアリテハ猶ホ未ダ一個ノ有機物トナルニ至ラザルコトハ既ニ前述ノ如クナルガ、併シ欧洲各国ノ今日ノ有様ハ既ニ漸々一個ノ有機大躰トナラントスルノ傾向アルモノト云フベシ。蓋シ前述ノ如ク欧洲ノ各国ハ其権力大抵強弱ノ大差ナキノミナラズ、随テ互ニ其ノ利害得失ヲ同クスルニ至リシカバ、是ニ於テカ国際法ハ愈発達シ、各国互ヒノ間ノ平和ヲ十分ニ維持スルノ力ヲ得テ、結局ハ所謂宇内統一国ナルモノヲ生ゼントスルノ有様ニ迄進歩シタリ（前掲書）。

ブルンチュリとカント

さらに弘之は、右の如くに論ずるだけでなく、古来、英雄の計画した宇内統一国の失敗にもかかわらず、「今後ノ統一国ハ必ズ各国ノ権力ノ均一ト、及ビ利害ノ共同トニ迫ラレテ已ムヲ得ズ創建スルニ至ルベキモノタルハ敢テ疑フベカラザルナリ」（前掲書）、という断言をしているのである。彼は、この所論のために、その依拠するブルンチュリを引用することはもちろん、またカントをすら引用している。しかし、特にカントの峻別した平和同盟論と世界国家論とを混同しているのである。それのみならず、利己心が利他心となって現われている徳義的関係に基づいて、各国民がすでに世界国家人ともなっている、という主張をも敢てしているのである。

これを要するに弘之は、各民族間の利害に基づく徳義的関係が、国際法の発達を促して宇内統一国家を実現する可能性を説くのである。すなわち

既ニ論述セシガ如ク、欧洲各国今日ノ有様ヲ観察スルニ、各国相互ノ間ハ漸々利害ヲ同クスルコト増加シテ、随テ其交際愈親密ナラザルヲ得ザル有様ニシテ、今日ハ恰カモ宇内統一国建設ノ準備時代ナルガ如ク思ハルル程ノコトナレバ、此勢ヒニシテ益々進ムトキハ、遂ニ宇内統一国ノ起ラザルヲ得ザルニ至ルベシト断定スルモ敢テ不可ナカラン、ト信ズルナリ。蓋シ今日ノ国際法モ数十百年間ノ星霜ヲ積ミ、漸ク進歩発達シテ遂ニ今日ノ完全ニ至リタルヲ以テ考フルトキハ、此国際法ガ更ニ発達スルコトヲ得テ、遂ニ宇内統一国ノ建設ヲ促シ、今日ノ国際法ハ変ジテ全ク完全ノ国法トナリ、且ツ各国ノ間及ビ各国民ノ間ニ於テ道徳ノ十分ニ行ハルルニ至ルノ時ナシトハ決シテ信ズベカラザレバ

現実的必然論

ナリ（前掲書）。

と断定して、その夢想でない所以（ゆえん）を説き、電信・鉄道・郵便・度量衡・子午線の国際的協定等を列挙し、「是等ノ点ヨリ思考スルモ、宇内統一国ハ到底起立セザルベカラザルモノト認メザルヲ得ザルナリ」（前掲書）とするのである。かくの如き彼の確信は、国際法を基点とする現実を直視した必然論であって、目的論または空想主義でないことは、いうまでもない。すでにそれは、現実的必然論であるから、もちろん文明諸国家のみを眼中においたものであるが、この確信的な宇内統一国必至論は、前に述べたようにグンプロヴィッツから空想主義の烙印（らくいん）を押されて、直ちに反駁したものの、のちになって弘之自ら、時々の現実の変貌（へんぼう）と動揺を起し、半信半疑に陥ってしまったことも、また注意すべき点であろう、と思うのである。

以上に述べてきたように弘之は、世界国家実現の可能性の契機を、各民族の利己心と、力の平均における必要性ということに置いたのであって、その宇内統一国論は、古くから存在している例えば水戸学派的な、日本を中心とする世界国家観ではない。それは、日本と「宇内統一国」との関係について、次のように述べていることによっても知られよう。曰く

宇内統一国ノ建設ニ就テ日本及ビ支那ノ将来ニ関シ茲ニ一言セザルベカラザルモノアリ。抑亜細亜人民ハ多クハ怯懦退縮ノ気象アル所ノ女ラシキ人種ナレドモ、併シ其中ニ就キ、日本及ビ支那ノ如キハ決シテ之ト同日ニ論ズベカラザルモノナラント信ズ。人類学及ビ史学ニ依リテ日本、支那ノ人民ヲ観察スルニ、此両国民ノ如キハ決シテ亜細亜他邦ノ人民ノ如ク怯懦退縮ノ気象ヲ帯ブルモノニアラザルノミナラズ、殊ニ日本ノ近数年ノ長足進歩ノ如キハ、其中ニ多少ノ弊害ノ随伴スルモノアルモ、兎ニ角全世界ヲ感動セシメタリト云フモ過言ニ非ザル程ノ異常ナル現象ナレバ、余ハ此両国民ノ如キハ、将来ノ宇内統一国建設ニ就テハ必ズ十分ナル実力ヲ以テ之ニ加入スルコト必然ナラント信ズルナリ（前掲書）。

宇内統一国と日本

若干の悲観的観察

右の引用において明らかなように、弘之の宇内統一国家思想が、世界征覇的世界国家思想ではなく、また日本を中心とした「八紘一宇」的な世界国家思想とも異るものであることが明らかに知られるのである。すなわち、その現実主義の故に、彼の宇内統一国家論は満腔の主観的自信の上に立脚することを得ず、一方において実現の可能性を説く『強者の権利の競争』中においても、他方では若干の悲観論をにおわせているのである。曰く

前述ノ如ク文明各国ノ共同利害ハ日ニ月ニ増進スルコト必然ナレバ、其勢ヒヨリスレバ結局宇内統一国ノ創建ハ決シテ疑フベカラザルガ如シト雖、然ルニ更ニ今日ノ形勢ヲ観察スルニ、各国ガ独リ眼前ノ自利自益ヲ謀ルノ心情ノミ過甚ナル有様ナレバ、斯ク眼前ノ利益ニノミ汲々タル各国ガ、永遠ノ大自利、大自益ノ為メニ姑ク忍デ己レノ頭上に統一ノ大権ヲ戴クガ如キコトハ到底為シ得ザルコトナラント思ハルルナリ。加之更ニ猶ホ一種宇内統一国創建ノ障碍タラント思ハルルモノアリ。蓋シ古代人民ノ数小部落が相合して邦国ヲナスニ至リタルハ、専ラ此数小部落が相倶ニスル所ノ敵寇アリテ倶ニ協

力シテ之ニ当ラントスルノ必要ヨリ生ジタルコトナレバ、古代ニ於テ邦国ノ起立セシハ、多クハ之ヲ協力攻守ノ結果ト云ハザルベカラズ。然ルニ今日ノ有様ニ就テ考フルニ、将来文明各国が相俱ニスル所ノ敵寇ナルモノハ何レノ処ニ在ルベキヤ、一国若クハ二国ハ協同セル数国ノ敵トナリテ戦フコトハ為シ能ハザルベシ。……果シテ然ラバ古代邦国創建ノ例証ニヨリテ考察スルトキハ、数国ガ相聯合スルニ必須ナル機会ハ決シテ生ゼザルモノト認ムルモ敢テ不当ニアラザルガ如シ。……数国ガ相俱ニ敵トスルモノアリテ、已ムヲ得ズ相合同スルノ機会アルニ非ザレバ、到底聯合大国ノ起立シ得ベキ道理ナキハ疑フベカラザルナリ（前掲書）。

かくして弘之は、宇内統一国実現の可能性なしとの悲観的断案を下しているのである。すなわち弘之は、世界国家についての科学的楽観論と科学的悲観論とを、同一著述中に並べているわけであるが、それだけでなく、「余ハ唯今日ノ文明各国ノ、寧ロ眼前ノ小利益ヲ棄テ永遠ノ大利益ヲ主眼トシテ務メテ合同ヲ企テ、倶ニ統一ノ大権ヲ戴テ、宇内統一国ノ創建ヲ謀ランコトヲ希望セザルヲ得ザルナ

主観的希望論

科学的楽観論の不徹底

り」、という主観的希望論を述べているのである。この点より見れば、弘之の宇内統一国家論を空想の所産なりとしたグンプロヴィッツの批判は、まさに的中しているわけである。彼が一面において、科学的悲観論に陥ったことこそ、のちの歴史が証明しているように、誤りのもとであり、つまり科学的楽観論に徹底すべきであったのに、徹底しなかったところにその原因があるのである。換言すれば、その誤りは不徹底なる多元論及び不徹底なる一元論の何れにも立脚している、ということにも結びついており、さらに換言すれば、その誤りはグンプロヴィッツの悲観論的立論の中にブルンチュリの世界国家論を組みいれている、ということにもつながっているのである。

このような弘之の「宇内統一国論」は、彼のその後の著書である『道徳法律進化の理』『自然界の矛盾と進化』『自然と倫理』及びその論稿「宇内統一国成否の一大問題」(『学説乞丐袋』に収録)等で、繰返し主張されているのであるが、それ以上の理論的発展は遂に見られなかったばかりでなく、いっそう悲観論的になっている観もあるのである。

例えば『道徳法律進化の理』では、次の如くにいっている。曰く

各邦国が互に他邦を自己の生存需要に充てんとする天則の遂に止むべき時期なかるべきを考ふれば、益々統一の難きを知るべきが如し。……利益の為めに成らんとする所の宇内統一国も、亦遂に成立の時なくして已むならん歟。

また『自然界の矛盾と進化』では、「統一国は早晩必ず出来るに相違ないということを主張するほどの力はない、ここに至っては余も甚だ迷うのである」と言い、「宇内統一国成否の一大問題」では、「各国が其必要上よりの統一を為すべき時期ありや、又は各国互に利害権力の固執よりして到底一致すべからざるものなるやは、頗る興味ある問題」だが、「此事たる、決して急速に行はるべきものに非ず」（『学説乞丐袋』）と言い、また『自然と倫理』では

甚だ迷う

> 萬国平和会議や仲裁裁判条約抔の近来盛になれるのと、又強大国が各自利のみを専らにせんとするとは、何としても矛盾と言はざるを得ぬのであるが、併し此の如き矛盾も其極度に至れば、それが却つて統一国の成立を促すものになるであらう乎如何乎、其辺は何分にも今日に於ては何と断言することも出来ぬと余は思ふのである。それゆへ余は、今日にあつては殆ど五里霧中に彷徨して居るやうな感じがあるのである。

と告白しているのである。

弘之が、矛盾の進化的論理と方法論とを可成りの程度に把持しながら、そしてその論理から世界国家思想を打出しておりながら、「五里霧中」に迷ってしまった理由は、いくつかこれを考え得られるけれども、なかんずくその一つの理由は、彼がわが国の族父統治的天皇制絶対観にも依拠した、抜くべからざる権力主義意識の虜囚であったためである、ということができよう。

第三　加藤弘之とキリスト教

弘之は、初期の天賦人権論の時代から、のちに近代主義に立脚した人権新説を唱えるようになり、さらに利己主義の道徳・法律論を展開するようになってからも、唯物論の立場をとっていたことは変っていない。彼の言葉を用いれば、その立場は「天則」の立場であり、また「正想」主義の立場にほかならない。いうまでもなくそれは、宗教や信仰を「迷想」なりとして、これを正しいとは認めないのである。

宗教の敵視

のみならず彼は、この点でも極めて積極的で、宗教または「迷想」を学問の敵と考えて、批判と論難を加えたことは、むしろ当然のことともいえる。また彼が、宗教という宗教を敵視して、同じく宗教嫌いの二宮尊徳の「天道」主義を評価し、また儒教に好意を示したことは、その立場としてはむしろ筋の通っていることというべきである。かくして彼は、仏教に対しても、キリスト教に対しても、最初は同じような態度で批判をしつづけたのであるが、その利己主義が、他の国権論者から日本の国体に害のあるものとして攻撃を受けるようになって、おそらくはその苦境を脱するための一策として、とくにキリスト教を目の敵（かたき）にして攻撃するようになり、国体のために害毒あるものとの攻撃を加えるにいたったものと考えられる。このことは、前にすこしく指摘したところである。

一　国体とキリスト教

『吾国体と基督教』

弘之は、まず明治四十年八月に、『吾国体と基督教（キリスト）』という小冊子を著述刊行している。

この書物は、信仰と知識、すなわち宗教と科学（一）・民族教と世界教（二）・仏教と吾が国体(三)・基督教と吾が国体(四)・科学的証明(五)の五章より成るものであるが、その冒頭で、「諸君! 余は基督教を以て吾が国体に大害あるものと考へて居るから其理由を科学的に証明してみやうと思ふのであるが、併し余は独り基督教に限らず凡そ宗教と云へば宗派の如何を問はず全く好まぬのである」と言い、その理由は、すべての宗教は人間を迷信的にして、科学の進歩を妨げるものであるからだ、といっている。さらに人間が、牛馬と異なって、宗教的迷信に陥ったのは、人間の想像力が強いためであると断じ、しかもこの迷信から離脱しないかぎり、人間の十分なる進歩発展は不可能だと言い、ただ宗教の善い面は、その「副業」たる慈善事業をしていることだけだ、と断定するのである。

宗教即ち迷信

宗教と慈善事業

かくして彼は、進んで第二章に於て、祭政一致の民族教が政教分離の世界教になり、国家外の一大権力となって国家の大害となったことを指摘し、「世界教の国になると、教権と政権とが二途に分れるから、二個の神経中枢が出来るやうな

世界教の害毒

『基督教の害毒』

ことになるのみならず、ともすれば教権が頗る強大になつて全く政権を圧倒するやうにもなる。是れでは有機体固有の神経中枢が全く外部から侵入した他力のために殆ど亡ぼされてしまふやうなことになるのである」と説き、「併し今日の文明となつては教権は既に国家の上に殆ど其力を及ぼすことは出来ぬやうになつたのであるから、国家の神経中枢は先づ唯一になつたことで有機体の本性を得たと言つてよろしい。併し今日と雖、羅馬(ローマ)教信者の多い国では政権が尚多少教権のために妨害を受けるのであって、大に国家の害を生ずることである」、というのである。

一般の倫理主義

のみならず、彼によれば、世界教が「一般の倫理主義」とともに国家に害毒があるのは、それらのものが、「全人類と云ふもののみを眼中において国家といふものを殆ど眼中におかぬのであるから」で、「国家のために頗る不利」である。すなわち「世界教が唯世界を視て国家を視ない所から、国家のために不利となる道理」だというのであって、結局その宗教否定が、単なる科学的見地を越えてしまって、国家主義・超民族主義(ウルトラ・ナショナリズム)の立場に立ってなされていることを、暴露しているということができるのである。

ウルトラ・ナショナリズム

このことは、彼が「実際は幸に国家主義の方が重(お)もに行はれて居るのであるから、先づは害がないけれども、併し往往世界教主義や倫理主義を真面目に行はんとする者がないでもない。左様な者になると絶対的に非戦説杯(など)を唱へて、国家の体面も利害も顧みないやうなことになる。既に日

絶対的非戦説

露戦争の時にも左様な者が少しはあつた様であるが、仮令（たとい）少しにしても甚だ国家の害をなすのである」、といっていることによって、極めて明らかに察知することができるのである。

仏教と本地垂迹の説

しかし彼は、仏教については、わが国におけるその功罪を考慮して、その迷信的害悪にもかかわらず、「本地垂迹（すいじゃく）」説の唱導によりて国家権力に完全に妥協し屈服したために、国家に対する害毒はなくなったが、教育の進むにつれてやがて衰滅するであろう、と考えるのである。然るに、この点でキリスト教を最大の国敵なり、と考えて猛然として攻撃するのである。弘之に従えば、すべての世界教の教祖は「自国の国家抔（など）の事は何とも思はなかつた」。「箇様（かよう）な世界教が族父統治国たる日本にはいつて来たのであるから、到底日本の不利となるのは甚だ明らかな道理である」が、仏教が日本に同化したのに対し、そうではないキリスト教は、果して日本の大害毒になっている、とする。つまりその見解では、キリスト教は、

日本に同化し得ざるキリスト教

唯一真神なるものを立てている妥協の余地なき宗教であり、「王公でも一般人民でも皆悉く罪人視して、其罪悪を償はんには只管唯一真神を信仰し之に祈禱して謝するより外に道はない」、とするのである。それ故、このように日本に同化し得ざる本質を備えているキリスト教は、「皇祖皇宗と天皇の外に至尊として崇敬すべき筈の者は一もない此至尊の上に、尚唯一真神を戴く抔といふことは決して国体の許さぬ所である」、ということになる。もちろん弘之は、キリスト教の社会事業は評価するが、キリスト教徒の「日本を基督に捧ぐ」というような態度や、天父第一・天皇第二とするような言動を数え立てて、これを国体を害する大不敬である、というのである。またキリスト教諸学校の種々の「不敬」を列挙して攻

不敬事件

撃し、第一高等学校における内村鑑三のいわゆる不敬事件を不都合千万なりとする。『国民新聞』や雑誌『新人』、山路愛山・徳富蘆花などをも槍玉にあげる。そして国体否定にキリスト教の本質があると独断し、これなくしてはキリスト教は

亡びるのであるから、キリスト教は国体に害があるのだ、という詭弁を弄するのである。

「お化」としての神

そして、「天父なるものが全く実存するものならば、それは致し方もない。余輩と雖それを否認することは固より出来ることではない。けれども天父と歟唯一真神と歟言ふのは何の証拠があつて言ふのである乎、爪の垢ほどの証拠もないではない乎。爪の垢ほどの証拠もないものを此上もなく崇拝する抔といふのは実にお化を崇拝するのである。知識の最も進歩発達して居る文明人民にしてお化を崇拝するに至つては禽獣虫魚を崇拝する蛮民にも劣つたことではない乎」と言い、日本が日清・日露の大戦に全捷したのは、族父統治のおかげであるのに、キリスト教が勢いを得て、天皇よりも「化者」の天父または唯一真神が尊い、日本よりも世界が重い、国民よりもコスモポリタンだということになれば、忠孝心は衰えてしまうではないか。また科学的理由に背反した所為ではないか、というのである。しかも、世界教キリスト教が他の国に害があるというのではない、といい、さらに帝国憲法第二十八条によりわが国にもキリスト教の信仰も許されていることを認め、ただ臣民の義務に背くキリスト教徒があるのを憂慮して、キリスト教の化物性と有害性とを説き、天皇崇拝を主張するのだ、というのである。

帝国憲法第二十八条

天皇崇拝

この『吾国体と基督教』に対しては、キリスト教信徒を初め、仏教徒・学者・外国人等からの反駁や批評が、続々として、彼の目についたものだけでも三十数種もあらわれたのである。

反論続出

二　キリスト教弁護論との対決

そこで弘之は、これらの批評のうちから十六種を選んで更に反撃を加え、これを『迷想的宇宙観』と題する著書として公刊した。それは、明治四十一年のことであり、三百頁を越える大冊である。第一章から第十章までが総論で、いわゆる

『迷想的宇宙観』の内容

「目的的宇宙観」を批判して、いわゆる「因果的宇宙観」の真理性を説き、また宇宙の起源、唯一真神の化物性、このような宇宙本体論の迷想性を説き、道徳の起源に論及して、すべては有機体の利己的根本動向と自然界の三大矛盾とを契機として生存競争・自然淘汰が生じ、そこに進化を惹き起したものにほかならないという、その得意の社会的ダーヴィニズムの理論を展開するのである。

第十一章以下第二十一章にいたる各論において、弘之の反駁している十六氏の中には、小山東助・岩野抱鳴・中島徳蔵・亀谷聖馨などの名前も見えるが、ここでは、海老名弾正・山路愛山・浮田和民・井上哲次郎の批評、及びこれらの批評に対する弘之の反論を検討することにとどめる。

海老名弾正に対する反駁

(イ) 海老名弾正（牧師、のち同志社総長）に対する反駁

弘之は、海老名弾正が、いわゆる進歩派であるため、聖書を勝手に解釈して、奇蹟などを信ぜず、「聖書を疵だらけ」にしていることをまず難詰して、海老名

の批評点を、次々に論駁するのである。

第一。海老名が、弘之の皇室尊崇と進化主義との矛盾を衝いているのに対して、弘之は、「人間界なる吾国体に就て論じた」のであり、皇室を中心とした族父的民族国家たることを論じた所論を科学的に否定することはできない、という反駁をしている。

海老名弾正肖像

第二。唯物論者の伊勢大廟崇拝はおかしい、という海老名の批判に対しては、「余は物質論者として唯物論者として皇祖皇宗の御偉勲を敬慕し、其御恩沢を報謝する心から崇拝するのである。……利己主義の真面目と言ふのは箇様なことである。……唯物論者が現存せぬ父母祖先の恩を忘れずに常にそれを敬慕するのが何で不思議であらう乎」、といっている。

第三。また、今後は民族主義を排し、インターナショナリズム(国際主義)によるのでなければ、「日本民族は他民族を同化し得ない」、という海老名説に対しては、各民族を日本に同化させるアイディアには賛成だが、それならば、その立場はやはり人類主義とはいうものの民族主義ではないか、といって反駁している。

第四。さらに右のことと関連して、海老名の韓国合併論を取り上げ、日本民族の立場から、合併論の趣旨に賛成であるが、韓国にも民族根性がある筈であり、これを無視した海老名の韓人救済的合併論は世界教人類主義の有害性を示すもので、取り得ない、と酬いている。これは、彼が時々用いた逆手の反駁ぶりを示しているものといえよう。

第五。次に、真即神・善即神、と海老名はいうけれども、それは進歩的外観を有する「矢張妄想迷信」にすぎない。その証拠には、このような神に祈禱をささげたり救いを求めたりしていることで、明らかに半人格的な神を考えていることがわかるからである、といっている。

第六。そして、真理のためには君主にも逆らはねばならぬ、悪しき政治に対しては批判もしなければならぬ、それが真の愛国だとする、海老名のもっともな愛国論に対しては、ただそれが唯一真神信仰の大迷想にほかならぬ、と反駁するのであるが、いっこう筋の透徹した反駁にはなっていない。

第七。また、宗教が迷信でも、星学・化学等もすべて迷信から由来するものであるから、それでよろしいではないか、という海老名の宗教弁護論に対しては、それは混同論で話にならぬ、と一笑に附している。

第八。さらにまた、精神の世界と、物質の世界とを区別して、前者を支配するものは超自然法だとする海老名の物心二元説に対して、物質を離れて精神を考えることが誤謬（ごびゅう）であり、またお化（ばけ）の如き超自然法がある筈はない。存在するものは自然法即ち必然法だけである、とする。これには海老名説では、とても歯が立たない観がある。

第九。しかし弘之の偏知主義を非難して、情意を重んずべしとする海老名説に対し、単に主知主義を強調するその駁論は、いっこうに冴（さ）えていないのである。

第十。さらに海老名が、明治初年のキリスト者は皆愛国者で、キリスト教が国体に有害でないことが立証されるではないか、一夫一婦主義・人民平等主義等すべてキリスト教の主唱に由来する、と説くのに対し、弘之は一夫一婦主義も平民主義もキリスト教の独占物ではない、のみならず、これらの主義は、わが国体には合わないものであるから、否定すべきものであると反駁して、国権主義を振りかざしている。

第十一。また近代においては、科学と宗教とが調和するようになったから、弘之の唯物論は旧式科学にすぎないとする海老名に対し、弘之はそれを、宗教の科学への屈服現象だと駁している。この点も、弘之の駁論が利いている。

第十二。また弘之は、キリスト教が科学の進んだ欧米で却って発展している、という海老名に対して、そのような現象は、今日のキリスト教が、却って真の宗教ではなく、不具変態の宗教になっている証拠だ、と嘯く。

第十三。海老名が、自然法と忠君とは衝突するが、神は忠君とは衝突しないと主張するのに対して、弘之は、人格的でない自然法と忠君とは何の因果関係もないから衝突しないが、然し神は人格的であるから、君主の上に神を置くことになって衝突する、といって反駁している。この点、弘之は海老名の指摘しているように詭弁を弄している、といわねばならない。

第十四。神こそ人間以上であり、君主の言行が神命に反する場合には神に従うべきだと主張する海老名に対して、弘之は、君主と国民とは同種であり、君主は族父であるから国民は、これに従うのであって、海老名の説は大不敬の暴言だというのである。もちろんそれは科学者の態度ではない。

第十五。最後に、海老名が、弘之の利己主義的忠君論を非難するのは、弘之の「利己主義が、高潔なる利他心を奨励するものである」ことを理解していないためである、と反駁している。

(ロ) 山路愛山（歴史評論家）の批評に対する駁論

山路愛山に対する反駁

山路愛山の弘之批判は、『六合雑誌』三二二号に掲載されたものであるが、弘之は、まずその要旨を次のように摘記する。曰く

古代から儒仏の両教が漸次吾が邦に入て来て開けたけれども、それは詰まり吾が邦に利益を与へた。決して吾が国体を害したとは言へぬ。して見れば近来基督教が新に入て来たとて矢張同様の結果であるに相違ない。国体は生命であるが種々の宗教抔（など）は宛（あた）かも衣服のようなものである。身体の生長するに随て衣服は種々に変ぜねばならぬ。国の生命

さへ盛であれば外教が這入て来たからとて決して心配することはない。却て国の利益となるのである。古来、仏基両教に就て随分反対論もあつたけれども、吾が国体は益盛になつて存在して居るのを見ても明らかである、云々。

これに対して弘之は、山路の説くように、国の生命さえ盛んであれば、宗教の害悪など心配しなくともよい、というような楽観はできない。それは中世ヨーロッパの歴史の証明するところである。本質的に仏教の比ではない非妥協的な、そして偶像崇拝を否定し、御真影礼拝を排斥するようなキリスト教のために、族父統治の日本国の生命の障害されることを憂慮するのが、何故わるいのか、というのである。しかし、このような反論では、強い論理を含んだ前示山路の反駁を圧することはできるものではなかった。

また次に「加藤は有神論は非科学的であるから信ずるに足らぬと言ふけれども、併し科学の知り得べき限界は物の行進に過ぎぬ。「何故」といふことは科学の知り得る限りでない。例へば道徳を以て利己の発達したものであるとまでは科学の知り得る所であるけれども、人は何故に利己的ならざるべからざる乎、他語を以て言へば、人は何故に生存せざるべからざる乎といふことは、科学の論証し得べき所でない。……して見ると、人間は結局信仰の上に立たねばならぬ訳で、科学は決して人間の行為を奨励し若くは責譲すべき機能がない」、という山路の弘之批判に対しては、このような信仰は独断にすぎず、従って妄信・迷想にほかならないものである、もちろん「何故に」ということは科学の知り得べき限りでないが、それよりも「人間の考へ得る限りではない」、それは宇宙には「何故」にという目的がないからである、宇宙は大目的があるという考えそのものが妄想なのである。目的はただ現象の進化によって生じるにすぎぬのだ、しかるに宗教は宇宙の本源に遡って、その「何故」にを独断的に信ずることを唱えるものであるから妄断である、というのが、弘之の弁駁である。

この弁駁の後半については、弘之の議論に強さを認めてよいであろう。

(ハ) 浮田和民(法学博士・早稲田大学教授)の批判に対する弁駁

浮田和民に対する反駁

弘之は、浮田の『国家と宗教』中の弘之批判を取り上げ、そこに見られる一種の学問的異彩を評価しつつ、反駁を試みているのである。

第一。浮田は、聖書にはわが国体に矛盾する論はない、禅譲を理想とする儒教の方がむしろわが国体には有害ではないか、と主張するのに対して、弘之は、禅譲は儒教の思想の一部であって、尊王論は孔子の大義名分の考えに由来するものであり、わが国体にプラスするものである、と説く。そしてキリスト教の世界主義を非難するのである。

第二。弘之は日本が族父統治の国であることを主張し、古来民族教を奉じている国だ、と浮田のいっているのに対して、弘之は、そのような主張はしていない、それはこじつけだと反駁し、そして民族教と族父統治は必ずしも一致せず、日本

浮田和民肖像

は万世に渉って族父統治国でありながら、民族教国ではない、と弁駁している。

第三。次に、民族教・世界教の何れを問わず、国家に服従するかぎり、国害にはならない。ただそれは世界教の態度如何できまるのだ、という浮田の反駁。弘之は、これに対して、その理窟はいちおうもっともだが、帝王がキリスト教徒であるヨーロッパ各国と異なり、わが国では、天皇の上に神を考えるキリスト教は明らかに国体に害をなすものである、と応酬している。

第四。浮田が、今日、日本の国体は、すでに族父統治の時代を経過していると主張するのに対し、弘之は、如何に他の諸民族が帰化しているという事実があっても、日本の中心は日本民族であるから、日本は、依然として族父統治国である、これを認めない者は日本を易姓革命国だと考えるものであって、人類主義・非国家主義である、すべからく日本民族の精神を以て世界を制すべきものであるとして、「帝国主義」またはウルトラ・ナショナリズム（極端国家主義）の強調をしている。

さらに浮田が、宗教が民族教から世界教に進化したのと同様、道徳もまた族制道徳から漸次国民的となり、また世界的となってきたことが恰かも進化なのであるから、日本の場合もすでに族父統治の時代は経過してしまったのである、と説いているのに対して、弘之は、浮田博士が族父統治を野蛮未開のものとすることは理解できない、決して日本民族中心の族父統治を卑下する必要はない、族父統治そのものが進化して、今日では立憲的族父統治になって愈々堅牢になっていることを知るべきではないか、と答駁する。

第五。また浮田が、弘之の説は、ホッブスの主権絶対論に似ているが、ホッブスはキリスト教の有害を説いていない、キリスト教が国家に服従することもその教義に反しない、と説いているのに対して、弘之は、ホッブスは日本の族父統治制を知っていないのだから問題にならない、日本と欧洲とは国体がちがうので一様には論じ得ないのだ、と反駁している。

また弘之の考えが、ルウソウにも似ているとの浮田の指摘に対しても、同じくルウソウの説は、ホッブスの場合と同様、日本の国体・国情を知らない議論であって、自分の議論には無縁だ、と答えている。

第六。さらに浮田が、過去において人間進化のために宗教が必要であった如くに、今後においても進んだ宗教と理想とが必要だ、理想と世界の根本たる実在との連絡をつけるものが宗教だ、という宗教必要論を展開しているのに対して、弘之は、この議論は学者に似合わざる知識否定の態度である、と狭量(きょうりょう)な調子で非難している。

また浮田が、わが国固有の祖先崇拝や、武士道のほかに、儒道・仏道を取り入れたことと同様に、キリスト教の伝来を評価し、日曜礼拝を国民修身上必要なりと説き、教育勅語の効能なきことを主張しているのに対して、弘之は、教育勅語こそ日曜ごとに国民に説き聞かせるべきものであることを強調して、教育勅語の無効を説くとは何事ぞと、科学者的にではなく、憤慨するのである。

井上哲次郎に対する反駁

(二) 井上哲次郎（文学博士・東大教授）の批判に対する批評

井上は、キリスト教徒ではないが、唯心論者であるから、その哲学的立場から、弘之の唯物主義を俎上に乗せて批判をした。まず、物質とは何か、認識とは何か、を反駁の出発点として、すべての物質は、「吾々の感官に触れねば何も解かるものでないから、即ち物質なるものは本来ない」、とする前提をかかげるのである。

このような説を、弘之は、唯心論者の「拈くれ説」と呼び、物質と認識とは別のことで、人間の認識如何にかかわらず物質は実在するのであると断じ、かくの

井上哲次郎肖像

如き生物学的認識論こそ正しい認識論なのである、と反駁した。

次に弘之が、日本の国家組織を族父系と呼び、これを科学的考察だとすることを嗤（わら）い、それは通常いうところの家長制度にすぎないのではないか、とする井上の反論に対して、弘之は、自分のいわゆる族父統治は族父系または家長制そのものをいうのではなく、国家の統治権に関する概念である、と答駁している。

また井上は、弘之の国体論には賛成だが、窮窟にすぎる、すなわち国体は一定でも、その内容は発展するものであり、仏教を同化し得た如くに、キリスト教をも困難ながら同化せしめることができるものだ、と説く。これに対して、弘之は、キリスト教は仏教と異なって頑強な世界教だから、同化せしめ得るものではない、と答える。然しその独断であることは、他の弘之批判者の論調もさることながら、その後の歴史が証明している、ということができよう。

さらに井上は、唯心論の立場上、当然ながら宗教を（従ってキリスト教をも）肯定し、また宗教の代りに理想またはゾルレン（当為）を説き、それをもって知情意より成るものとし、従って弘之の如き偏知または自然法一点張りのザイン（実在）主義ではいけない、と論じ、進んで人間の意志・目的及び道徳の尊重を説き、また弘之の利己主義を排斥する。これに対して、弘之は、自然と宇宙の唯一一元を説き、二元論すなわち「宇宙二分論」を否定し、とくに井上の意志主義を批判し、自らを主知主義でないと弁じ、また精神理想に対する自然法の絶対支配を説き、ゾルレンではなく、すべてがミュッセン（必然）なのである、と反駁している。

三　キリスト教徒に対する挑戦と追撃

このように弘之は、『迷想的宇宙観』で、諸家の批評を反駁したのであるが、最後に、さらに左の二問題を提出して、キリスト教徒に挑戦した。その論争好きの面目を示すものといわねばならない。

第一問

第一問　神若くは宇宙本体が若しも全知全能であり、又情意を有し、随て至仁至愛の大徳を有するならば、何故に自然界に前述の三大矛盾就中其第二矛盾（動物并に人間が自己と同一有機体なる動物、植物を食餌とせねば生存する能はざるが如き残忍なること）が存するのである乎。

第二問

第二問　ここに甲国が乙国に対して戦端を開ける場合に於て、甲国の開戦が若しも不義に出たものであつたときには甲国の臣民にして基督教徒たる者は国家主義よりも寧ろ世界同胞主義を重しとして此不義戦に加はらず、却て義なる乙敵国を助くべき筈のものであらう乎、将世界同胞主義よりも寧ろ国家を重しとして此不義戦に加はり、以て義なる乙敵国を倒すべき筈のものであらう乎」（『迷想的宇宙観』）。

然るに、右書の刊行後半年になっても解答がなく、その後、学会で弘之の督促があって、約十種ばかりの解答が出てきたので、これに対して、明治四十二年六月、弘之は『基督教徒窮す』と題する小冊子を公けにしたのである。

『基督教徒窮す』

上編と下編とに、ギューリク・吉田清太郎・芦田（あしだ）慶治・加藤直士・小山東助・渡瀬常吉・亀谷聖馨（せいこう）・武石蘇堂・横山砂・川村十二郎の諸論を駁し、附録として斎藤隆夫の駁論を反駁しているのである。

右のうち、ギューリク・吉田清太郎・芦田慶治及び斎藤隆夫と、弘之との論争のみを、ここでは検討することにする。

第一　第一問について

ギューリクに対する反駁

(イ)　ギューリク（同志社教授・宣教師）の批評に対する弘之の反駁

まずギューリクが、宇宙の本体について、科学者がエーテル・原子・電子等を考えるのと同様に宗教家は神を立てるのだ、従って神はお化ではない、というのに対して、弘之は、科学者の仮定は物質のことに関するもので、科学の進歩を助けることになるが、神は心の問題であって、宗教家がこのような神・お化を立てることは、学問や人類の進歩を妨げることになる、という反駁をした。

また、ギューリクが、生物が物質不足のために生存できなくとも、不正理ではない、よし不正理だとしても、神との関係においてとくに不正理なのではなく、自然そのものとして不正理なのではないか、と言うのに対して、弘之は、そのような現象こそ自然法であって、自然法は無情・無慈悲のものであるが、それは正理・不正理の問題ではないのだ、と反駁する。

さらに、ギューリクは、神は、弘之のいうように、万物に対して一視同仁なのではなく、むしろ高等動物と下等動物とを差別されるのであって、一動物が他動物を食うことは決して神の意志に反することではない、というのに対して、弘之は、驚き入った弁護論だ、そのような神は実は神ではなくて、魔鬼（まき）である、と断じたのである。

吉田清太郎に対する反駁

(ロ) 吉田清太郎（牧師）の批評に対する反駁

吉田清太郎は、度々弘之に会って、弘之の説を批判し、また書面によってその見解を述べていたのであるが、弘之は、吉田が「至極真面目なる君子的の人である」が、議論には感服できない、といって、まず吉田の主張を、次のように要約している。曰く

能く活眼を開て宇宙の現象を観察すれば十分神の至愛の徳が顕はれて居る。それは何で解る乎（わか）といへば、万物に犠牲の観念と行為との具はつていることである。動植物の母体が子を挙げて其発育を遂げしむるが如きことは、全く母が自己を子のために犠牲とする訳である。而して此母子の関係から漸次進歩拡張して祖先と子孫との関係となり、又親族相互の関係となり、人類相互の関係となり、同一生類相互の関係となつて来るので、皆互に他の犠牲となるといふ訳であるが、それは全く神の至愛に淵源して居るのである。

これに対して弘之は、吉田の一貫した犠牲主義は、弘之の主張する利己主義に正反対であるとなし、生物には利他とか犠牲とかはない、ただ社会的生存によってのみ利己が変じて利他となるだけである、だから吉田のいっていることは事実に反する。「人間世界に於ては他のために犠牲にならんとする情意及び行為が固（もと）よりないとは言へぬ。随分立派な犠牲的意志と行為があると言つてよいが、併し……此の如き人間世界の犠牲さへも、矢張全く利己から出た所の利他、即ち変性的利己に外ならぬものである……所謂（いわゆる）身を殺して仁を成すといふやうなことを、人間の偉大なる善行と自ら認めるやうになつたのである」と言い、しかも吉田のいわゆる「犠牲が即ち愛

吉田清太郎肖像

芦田慶治に対する反駁

であるという其犠牲」は、劣弱の犠牲にすぎない。とすれば、「神は独り優強に益して妄に劣弱を害することになるのではない乎。それでも神は至仁、至愛の徳を有すと言ひ得られるのであらう乎を質したい」、と反駁しているのである。

(八)　芦田慶治（当時関西学院教授、のち同志社大学教授・神学者）の見解に対する反駁

芦田が、人間が鳥獣を捕え食うのは必要によるので残忍ではない。生物相食は矛盾ではなく、相互犠牲であり神の法則である。生物はどうせ一度は死ぬのであるから生物相食は大したことではない、というのに対して、弘之は、自然論者としても、残忍だ

芦田慶治肖像（有賀鉄太郎博士揮毫）

が仕方がないと見るのに、神の愛を説く者が生物相食を残忍でなくて神意だというのは驚くのほかはない。「神は何故に生命なき無機物を以て人間の食餌にあてぬのであらう乎。……神はそれほど迄に全知、全能ではないのであらう乎」と言い、生物相食を犠牲行為というのは詭弁にすぎない、といっている。

ギューリクとの対決

さらに芦田は、生物相食を残忍だと考えるのは間違いであるが、残忍だとしても、それは神の有無に関しない、生物相食を止めれば人間絶食になるではないか、といい、これに対して弘之は、生物相食は自然法で自然界の残忍なことは止むを得ないことである、ただそれは有神論と矛盾するのであり、神のない証拠である、と繰返し主張するのであった。

第二　第二問について。

(イ)　まず、ギューリクが、自国の不義戦には、キリスト教徒でも非キリスト教徒でも賛成できない、不義戦に加わるものは迷謬的愛国者にすぎない、というのに対して、弘之は、ギューリクの態度は国家臣民の責務を忘れたものであり、キリスト教の世界同胞主義としては当然のことながら、まさに国体に有害である。しかのみならず、ヨーロッパの実際を見ると、キリスト教国も国家主義をとって、不義戦を敢てしているではないか、と反問している。さらにギューリクが、すべて権力には従うべしとする聖書を引用していることと、前の主張との矛盾を強く指摘しているのである。

(ロ) 第二問に対する吉田清太郎の解答は、「国家がもしも不義戦を起したときには有識者ならば極力それを防止するの道を講ぜねばならぬ。併し唯一般尋常人物であっても若しも不義戦をして国家を滅亡せしむるものと認めたる以上は、如何なる極刑をも怖(おそ)れずしてそれを救ふの策を取らねばならぬ」というのであり、この答弁を不得要領なりと評した弘之は、さらに「この策とは何か」とか、不義戦の成績よろしき場合の国民の態度は如何にすべきかとか、不義戦好運の場合敵国に謹謝賠償すべきであるかどうかとか、すこぶる意地のわるい質問を発しているのである。が、最も徹底した非戦平和主義の人物であった吉田の答えは火を見るが如くに明らかに想像できるが、そこにはその答駁が示されていない。

芦田慶治との対決

(ハ) 第二問に対する芦田慶治の答弁は、日清・日露の戦争にも、キリスト教徒が、抜群の功勲を奏したといい、また、いざ戦争となれば国家の法令による服役に背くことは神の意志に背くことになる、というのであって、吉田の見解とは全く異なっているのであるが、これに対して弘之は、日清・日露の戦争は義戦故キリスト教徒が是認するのは当然のことだから、芦田答弁は答弁にはなっていないと駁し、また不義戦でも、国家の命令で参加するのが神の意志だとすれば、神は不義を命ずるのであるか、自縄自縛論ではないか、と一酬している。

斎藤隆夫

(ニ) 弘之は、『基督教徒窮す』の終りに「附録」として、斎藤隆夫の反論の要領をかかげて、復駁しているのであるが、この論争がとくに興味深いのは、斎藤が弘之と同郷の出石（いずし）出身の人である点である。斎藤は当時早稲田大学出の有力な若手弁護士であり、のち代議士となり、また太平洋戦争前の風雲急を告げていた当時の国会で、反軍演説を打って除名さ

斎藤隆夫肖像

斎藤隆夫頌徳碑（前面に立つのは著者）

れ、戦後国務大臣となったこともある、正論に充満した人物である。

斎藤との対決

斎藤隆夫はまず、弘之がわが国体を族父統治となし、天皇機関説を国害的であるとするのは謬見である、それは往古の族父統治が変遷して、遂に皇統不易の君主統治になっているのだと説く。これに対し、そのように考えるのは、浮田博士と同様、欧州普通の議論の伝染であって、高天原民族の宗家すなわち族父を中心とするわが国体の独自性を無視したものである、というのが弘之の反論である。

次に斎藤は、たとえ族父統治国であっても、その場合天皇機関説が、許されないとする弘之の見解は、狭く誤りである、それは族父統治は政治論であり、天皇機関説は法律論で別事であり、法律論では国家が「主権体」で、君主以下すべてこの主権体の機関にほかならないからである、といって得意の法律論を展開する。そして、日本の場合だけを特別視する弘之の愚を笑うのである。弘之は、これに対して、欧州学者の議論だけを正しいと考える斎藤の「愚論」こそ笑うべきだと言い、それは歴史を無視した「偏理窟（へんりくつ）」で、日本の歴史を知らないヨーロッパの学者の誤謬をまねるべきではない、日本の歴史においては天皇即国家・国家即天皇なのであると言い、例によって自然と歴史の進化論を開陳する。すなわち、一種の歴史主義の立場から、斎藤の鋭い法律論に対抗しようとしたのである。

さらに斎藤が、弘之の進化主義・利己主義の主張の勇気を賞し、それと天皇主権説強調との矛盾を衝いているのに対し、弘之は、天皇主権説の主張も、もっぱら自然的進化の説を論拠としたものにほかならない、決して矛盾ではない、すべて真理を説いているのだ、と強弁している。

このような弘之のキリスト教攻撃は、約二ヵ年にわたって執拗（しつよう）になされたのであるが、キリスト教及びキリスト教徒が迷惑を蒙ったことはいうまでもない。例えば、弘之自身の次の文章によってもこれを知ることができる。曰く、「過日余の知人たる基督教徒某氏が他用あつて余を訪ふた際に、〝足下（そっか）の議論の影響にや、近来諸学校にて師範学校卒業の基督教信者を教員に採用することを嫌ふような傾きになつた〃と話した。又去る六月十三日の国民新聞山路愛山の『ひとり言』中に、〃加藤男の耶蘇教排撃抔は始めより取るに足らざる僻説と思ひしに、近頃教育家連中には耶蘇教を嫌ふ者も少からずとて大に心配する耶蘇教師もある様子なり〃、と書いてある。是等は余の議論の結果でもなからうが、併し世間でも多少基督教の悪影響を悟るに至つたのであらうと思へば、余は大に歓ばしく感ずるのである」（『基督教徒窮す』）。

しかし実際は、キリスト教に対する迫害が、右の事実以上に、方々で行われたようであるから、弘之のキリスト教迫害煽動の罪はまことに重い、と言わねばならない。またそればかりでなく、彼のキリスト教攻撃が、彼の説くところに反して、キリスト教を国家主義化する原動力となったこともまた指摘されねばならない。すなわち、このような権力主義的迫害によって、キリスト教は、その本質と良心とを次第に喪失していったのであるが、のちには、弘之流のキリスト教攻撃に代って、軍・官的権力が直接にキリスト教とキリスト教徒とを圧迫するようになり、周知の如く、帝国憲法の保障する信教の自由権は皆無にひとしい状態になってしまったのである。

この無法状態は、いうまでもなく、日本が太平洋戦争に敗れて、占領軍のポツダム宣言的支配を受けるようになって初めて解除されるにいたったものであり、さらにキリスト教とキリスト教徒とは、日本国憲法第二十条によって、今や完全に信教の自由を享受することを得ているのである。そして、あらゆる自由の享受と同様に、日本国のために大きなプラスになっていることは言を俟たない。弘之のキリスト教攻撃の理由が如何に学理と事実とに反するものであったかが証明されている、といってもよい。いま私は、弘之らの言論的暴力と国家権力の暴力とからの国民の解放が、敗戦によってもたらされたことと、族父統治の国と彼の呼んだ日本国が、国民主権の国家に進化したという事実に対して、弘之若し世にあらば如何に対処するであろうかを想うて、感無量なるものがある。

終りに

かつて私は、『加藤弘之の国家思想』なる拙著に於て、弘之の思想形成の一特質としての転向について、次ぎのようにいったことがある。

すなわち、「博士は政府的漸進的な一種の立憲主義的立場にあったと考へるのである。而して、当初は斯かる立場に合致しているかに見へた天賦人権論が、やがてその漸進主義にとりての好ましき基礎原理でない事を知り、従って立場と理論との甚しき矛盾を意識されてゐるうちに、政治的情勢の必要とも関聯して、社会的ダーヴィニズムの理論を見出し、漸くそこに本来の漸進主義が適当な結合をなし得たのである」（五一六頁）、と論じた。さらに、弘之の宇内統一国家を、その国家思想の特色なりとなし、しかも、その思想的転向にもかかわらず、「博士はその理論の前期と後期とを通じて、表現に於ける激しい思想家であり、好争的な論客であつた」（七頁）、と説いたのである。

私が、このように弘之を見る見解は、もちろん今日においても変るところがない。いな、言葉を変えてこれを一言すれば、彼は常に政府的権力主義の立場を離れなかった碩学であった、ということができる。それはマキャヴェリの立場であり、またヘーゲルの行きかたに似ている。しかも彼は、常に激しい心をもって、研究を怠らずして学問に取っ組み、終生論争に生きぬいた。そして、世界国家思想を包含した社会的国家論の論著たる『強者の権利の競争』を著わして、世界的水準の学業を築き上げたのである。しかしいうまでもなく、それは、弱者・被支配者の権利（基本的人権）を主張するものではなく、むしろ権力及び権力主義に対して闘う者と弱者とに対して、刃を向けているものである。いわば弘之は、国家主義・超民族主義・権力主義者として終始したのである。彼の学問が学問的にいってすぐれて強いものであり、従ってまた、ところどころに正しいものをもっているにもかかわらず、その初期の人権論と科学的国家観と世界国家思想とを除いては、結局は、歴史の発展によって大きく否定されなければならなかった理由と原因とが、確かに存在していた、といえるのである。もし彼の卓越した頭脳と科学主義とが、強者の権利・権力の味方としてではなく、それに対して闘う立場に立っていたならば、その業績はグンプロヴィッツの如く、またマルクスの如くに、純粋に科学的なものになって曇りなき輝きをもつことができたであろう。従ってまた、極めて多くの国民に感謝される学問になり得たであろう。保守的であった福沢諭吉や小野梓の学問すら国民に感謝されているのは、それらのものが本質的に権力主義的御用学的なものではなかったからである。

これに反して弘之の学問は、権力主義の学問であったから、現世に於ける高位・高禄に引きかえ、またその高き科学性にもかかわらず、マキャヴェリやヘーゲルとともに、大衆的な魅力(みりょく)を、大きくかつ永久に失わざるを得なかった所以(ゆえん)である。しかし歴史の大きな流れから見れば、「解釈的啓蒙論」と臘山政道氏の評しているる(『日本における政治学の発達』参照)彼の初期の学問も、また彼の後期の社会的ダーヴィニズムも、決して無駄なものではなく、有意義なものであった、といわねばならないであろう。

略年譜

年次	西暦	年齢	事績	参考事項
天保七	一八三六	一	六月二三日、但馬国（兵庫県）出石城下谷山町に生まる。土代士（とよし）と名づけらる。仙石藩士加藤正照の長子、母は山田氏	諸国飢饉○前年、仙石騒動○翌年、大塩平八郎の乱○天保一〇年（一八三九）蕃社の獄おこり、渡辺崋山・高野長英捕わる○同一二年（一八四一）水野忠邦による天保の改革
一四	一八四三	八	この頃より文武の修業を始める	
弘化二	一八四五	一〇	藩校弘道館に入学	
嘉永二	一八四九	一四	母山田氏逝去、享年三二○軽い赤痢を患う	
五	一八五二	一七	三月、父にしたがい江戸に出て甲州流兵学を修める○佐久間象山の門に入る	
六	一八五三	一八	江戸より帰郷	ペリー来朝○露使も来る
安政元	一八五四	一九	再び江戸に出る○坪井為春の門に入り蘭学を始める	日米和親条約（神奈川条約）締結

年号	年	西暦	年齢	事項	一般事項
安政	二	一八五五	二〇	九月、帰省。父逝去、享年四六〇一〇月、家督相続	江戸大地震
	三	一八五六	二一	三たび江戸に出で、坪井塾にて学習をつづける〇一一月五日、弘蔵と改名	蕃書調所を九段坂に設ける〇安政五年（一八五八）日米通商条約調印〇翌年、安政の大獄おこる
万延	元	一八六〇	二五	閏三月一〇日、蕃書調所教授手伝となる。初めてドイツ語を学ぶ〇初めて『鄰艸』を著わす（写本）	三月、桜田門外の変
文久	二	一八六二	二七	一二月八日、市川鈴子と結婚	蕃書調所を改めて洋書調所とする〇翌年、将軍家茂入洛〇洋書調所を開成所とする〇四国艦隊下関砲撃〇七卿西走
元治	元	一八六四	二九	八月一一日、幕府の直臣に抜擢され、開成所教授職並に任ぜられる	第一回長州征伐
慶応	元	一八六五	三〇	この頃、『西洋各国盛衰強弱一覧表』『交易問答』を著わす	第二回長州征伐
	二	一八六六	三一	九月二〇日、従五位に叙せられる	孝明天皇崩御〇翌年、将軍慶喜政権返上〇この頃、一揆うちこわし激化〇兵

年号	西暦	年齢	事項	参考事項
明治 元	一八六八	三三	正月二五日、開成所教授職並より目付に任ぜられる。ついで大目付、御勘定頭に転じる○一〇月二九日、政体律令取調御用掛仰せ付けられる○弘之と改名する○『立憲政体略』を著わす	庫開港 明治天皇誓文○明治天皇、東京に行幸○各外国公使入朝
二	一八六九	三四	正月一八日、会計権判事を仰せ付けられる○五月一九日、学校権判事を仰せ付けられる○七月一九日、大学大丞に任ぜられる○九月二〇日、従五位下に叙せられる○この頃『真政大意』を著わす。天賦人権思想より出たものである	版籍奉還○開成所を大学南校と改める
三	一八七〇	三五	一一月二七日、国法会議に出席仰せ付けられる○一二月四日、侍読仰せ付けられる	新律綱領頒布
四	一八七一	三六	七月一九日、文部大丞に任ぜられる○一〇月八日、外務大丞に任ぜられる	大学南校を単に大学と改めて、文部省所属とする○廃藩置県○散髪令を布く

			(のち辞職する)○この年、郷里に帰って展墓する	
五	一八七二	三七	五月、畿内・山陽・西海道御巡幸に供奉する○八月四日、宮内省四等出仕(侍読)となる○侍読拝命中『国法汎論』(訳書)を公にする	太陽暦採用○学制頒布○徴兵令公布○天皇畿内・山陽・西海道巡幸○東京横浜間鉄道成る○征韓論起る
六	一八七三	三八		南校を改めて開成学校とする○キリスト教解禁○地租改正○征韓論により廟堂分裂○農民一揆頻発
七	一八七四	三九	二月一三日、左院の一等議官に任ぜられる。やがてこれを辞した○民撰議院設立反対の意見書を後藤象次郎・副島種臣・板垣退助・江藤新平らに送る。その意見書は『学説乞丐袋』に収めてある。○『国体新論』を著わす	板垣退助らの民撰議院設立建議が出る○征台の役
八	一八七五	四〇	四月二五日、議官(元老院)に任ぜられる。やがて議官を辞し、しばらく閑	四月、元老院設置○修史局設置○自由民権派「愛国社」を結ぶ○新聞紙条令

明治一〇	一八七七	四三	散の身となる○癱を患う○この頃訳業『西洋各国政体起立史』を刊行 二月一日、開成学校（後の東京大学）綜理を嘱託せられる○四月一三日、東京大学法学部・理学部・文学部綜理を嘱託せられる	・讒謗律公布○翌年、三重・茨城に地租改正反対の大農民一揆起る 四月、開成学校を改めて東京大学とする○教部省廃止○西南戦争○地租軽減の詔
一二	一八七九	四四	一月一五日、東京学士会院（後の帝国学士院）会員となる	学制を廃し、教育令を施行
一三	一八八〇	四五	四月二二日、文部省三等出仕に補せられる。但し東京大学法学部・理学部・文学部綜理はもとの通り○六月八日、正五位に叙せられる	集会条例発布
一四	一八八一	四六	七月六日、東京大学綜理に任ぜられる○「人為淘汰によりて人材を得るの術を論ず」を公にする	六月、東京大学の職制を改め、東京大学綜理をおく○明治一四年の政変○国会開設・憲法制定の勅諭が出る○自由党結成
一五	一八八二	四七	五月三〇日、新たに、大学に古典講習	壬午事変

年号	西暦	年齢	事項	一般事項
			科をおく○一二月二九日、勲三等に叙せられ旭日中綬章を授けられる○『人権新説』を著わす。これは主義一変後最初の著述で、駁論しきりに起る○田口卯吉翻訳『大英商業史』につき田口と論争	
一七	一八八四	四九	一一月二〇日、従四位に叙せられる○「社会に起れる人為淘汰の一大疑問」を提出する	七月、華族令を定め、五等爵を設ける○自由党解党○加波山・秩父・飯田・名古屋事件つづく
一九	一八八六	五一	一月一一日、元老院議官に任ぜられる○一〇月二〇日、従三位に叙せられる	三月、帝国大学令公布○帝国大学を設置する
二〇	一八八七	五二	「人種改良の弁」を公けにする○肋膜炎を病む○「東洋の一大問題」を論じ外山正一これを論駁する○五月七日、文学博士の学位を授けられる。同時に学位を授与されたもの二五人	五月、学位令公布○後藤象二郎を中心とする大同団結運動起る○保安条令公布施行
二一	一八八八	五三	五月二九日、勲二等に叙せられ、旭日	枢密院創設

明治				
二二	一八八九	五四	重光章を授けられる○「謹で我邦の貴紳（ジェントルマン）諸君に質す」を公にする○肺結核を患う「廃娼妓と廃芸妓とは孰れが急務なるか」の論文について、外山正一と論争○雑誌『天則』を発行し数年継続する○「チャールズ・ダルイン博士大著述三十年回の記念会に臨みて」を出す	憲法発布○大井憲太郎ら自由党を再組織（再興自由党）
二三	一八九〇	五五	五月一九日、帝国大学総長に任ぜられる○九月二九日、貴族院議員に勅選せられる○「学士会通俗学術講演会開会の趣旨」を論じる	一月中旬より七月下旬にかけて、各地に米騒動起る○一〇月、元老院を廃す○同月、教育勅語下る○一一月、第一回帝国議会召集
二四	一八九一	五六	『加藤弘之講論集』を著わす	
二六	一八九三	五八	三月三〇日、帝国大学総長を辞任○大学の雇外国教師一同より頌徳表を贈られる○四月一一日、正三位に叙せられる○七月一八日、錦雞間祗候仰せ付け	

			られる○日独両版の『強者の権利の競争』を著わす○この頃より心気亢進の病があり、後年治癒	
二七	一八九四	五九	『道徳法律の進歩』を著わす	日清戦争開始
二八	一八九五	六〇	七月二三日、宮中顧問官に任ぜられる	日清戦争終結○露・独・仏の三国干渉
三〇	一八九七	六二	六月二三日、学友ら九七二人により小石川植物園にて還暦の祝宴が催される。還暦は前年であったが、祝賀会はこの年行われた	足尾銅山鉱毒問題激化○六月、帝国大学を改めて、東京帝国大学とする
三一	一八九八	六三	「表裏反対の間違ひづくし」を論じる○「生存と其需要」を論じる	隈板内閣成立（最初の政党内閣）○一二月、学位令改正○博士会規則公布
三二	一八九九	六四	『天則百話』を著わす○「宇内一国成否の一大問題」を論じる○「利己的功利道徳」を論じる○「愛己愛他と Müssen（自然的不可不）und Sollen（道徳的不可不）との関係」を論じる	
三三	一九〇〇	六五	五月九日、勲功により男爵を授けられ	治安警察法公布

年号	西暦	年齢	事項	一般事項
			る○『道徳法律進化の理』を著わす○『加藤弘之講演全集』を著わす	
明治三四	一九〇一	六六	三月一八日、勅旨をもって東京帝国大学名誉教授の称号を授けられる○"Das Sollen ist sinnlos"を論じる	日本社会民主党結成（即日禁止）
三五	一九〇二	六七	井上哲次郎の『倫理と宗教』を批評し井上と論争	日英同盟協約調印
三六	一九〇三	六八	『道徳法律進化の理』の増補改訂第三版を出す○「算盤的倫理」を論じる○「一元的倫理」を論じる	
三七	一九〇四	六九	「倫理上の一大疑点」を論じる○「所謂黄人禍」を論じる○『進化学より観察したる日露の運命』を著わす	日露戦争開始
三八	一九〇五	七〇	正月二〇日、七〇歳の高齢につき、御紋付御盃並びに酒肴料を賜わる○「真善美を論じて倫理学上の迷見に及ぶ」を公にする○五月二三日、法学博士の	日露戦争終結○ポーツマス条約

三九	一九〇六	七一	学位を授けられる○七月一二日、帝国学士院長となる○一二月二三日、勲一等に叙せられ、瑞宝章を授けられる○胃潰瘍にかかる○「我が立憲的族父統治の政体」を発表する 一二月一〇日、枢密顧問官に任ぜられる○『自然界の矛盾と進化』を著わす○「進化学的人生観」を論じる○「無我愛即有我愛」を論じる	日本社会党結成○韓国に統監府設置
四〇	一九〇七	七二	七月二日、従二位に叙せられる○九月一八日、ドイツ皇帝ウィルヘルム二世陛下より贈与せられた王冠第一等勲章を受領佩用することを允許せられる○九月二一日、三七‐八年戦役の功により旭日大綬章を授けられる○『吾国体と基督教』を著わす○「国字改良の困難に就いて」を公にする○「教育も亦廉	社会党に結社禁止命令

年号	西暦	年齢	事項	一般事項
			価に買はざるべからず」を公にする○「人格修養」を論じる○この年、再度郷里に帰省して展墓。明治四年以来初めてのことである	
明治 四一	一九〇八	七三	『迷想的宇宙観』を著わす○「小説と教育」を論じる	戊申詔書発布
四二	一九〇九	七四	帝国学士院長在職満期につき同会員より頌徳文を贈られる。この時の演説は『学説乞丐袋』にある○軽い胆石病にかかる○『基督教徒窮す』を著わす○「拙著自然界の矛盾と進化の批評に対する批評」を公にする○「有賀博士の日本国民の精神上の疑問を読む」を公にする○「精神的及び社会的進化」を論じる○「倫理と実業」を論じる○「基督教に関する二大問題に就て」を公にする	

四三	一九一〇	五五	「倫理上実際の三問題」を論じる○「学問の新風潮を知れ」を公にする○「赤穂義士に就て」を論じる○「自然之謂性成性之謂道」を論じる○「道徳上の三淘汰」を論じる○「進化学より見たる哲学」を論じる○「過去七〇年の追懐」を公にする	大逆事件○日韓併合条約調印
四四	一九一一	五六	『基督教の害毒』を出版。これは『我国体と基督教』『迷想的宇宙観』『基督教徒窮す』の三書を合本したものである○『学説乞丐袋』を著わす○「国運の進歩に伴う文学の発達」を論じる○「源頼朝公と徳川慶喜公」を論じる○「現代小学教育の非難に就て」を論じる○「仏教の現在及び将来に就て」を論じる○「吾国体を如何せん」を公にする	大逆事件判決

年号	西暦	年齢	事項	一般事項
大正元	一九一二	七七	『自然と倫理』を著わす	七月、明治天皇崩御○友愛会結成
二	一九一三	七八	二月、『国家の統治権』を著わす○八月四日、金婚式を挙げる	
三	一九一四	七九	『新常識論』を著わす	日本、対ドイツ宣戦布告
四	一九一五	八〇	四月二二日、八〇歳の高齢につき、御紋章付御盃並に酒肴料を賜わる○五月『責任論』を著わす○六月、八〇歳の祝賀会	対中国二一ヵ条の要求提出
五	一九一六	八一	二月九日、東京にて逝去	

（主として、『加藤弘之自叙伝』による）

加藤弘之著書一覧

一『鄰艸』（文久年間）（写本）
二『西洋各国盛衰強弱一覧表』（慶応元年）谷山楼
三『交易問答』（慶応元年）谷山楼
四『立憲政体略』（慶応四年明治元年）谷山楼
五『真政大意』（明治三年）谷山楼
六『ブルンチュリ・国法汎論（訳）』（明治五年）文部省
七『ビーデルマン・西洋各国立憲政体起立史（訳）』（明治八―九年）谷山楼
八『国体新論』（明治七年）谷山楼
九『人権新説』（明治一五年）谷山楼
一〇『加藤弘之講論集』（明治二四年）金港堂
（編者―加藤照麿・加藤晴比古・馬渡俊雄）
一一『強者の権利の競争』（明治二六年）哲学書院

一三 『Der Kampf ums Recht des Stärkeren und seine Entwickelung』（明治二六年）東京製紙会社印刷 伯林フリードレンデルウントゾーン書店発売

一三 『道徳法律之進歩』（明治二七年）敬業社

一四 『天則百話』（明治三二年）博文館

一五 『道徳法律進化の理』（明治三三年）博文館

一六 『加藤弘之講演全集』（明治三三年）丸善書店

（編者―加藤照麿・加藤晴比古・馬渡俊雄）

一七 『自然界の矛盾と進化』（明治三九年）金港堂

一八 『我国体と基督教』（明治四〇年）金港堂

一九 『迷想的宇宙観』（明治四一年）丙午出版社

二〇 『基督教徒窮す』（明治四二年）同文館

二一 『基督教の害毒』（明治四四年）金港堂

二二 『学説乞丐袋』（明治四四年）弘道館

二三 『自然と倫理』（大正元年）実業之日本社

二四 『国家の統治権—「自然と倫理」の補遺 第一』(大正二年) 実業之日本社

二五 『新常識論』(大正三年) 広文堂書店

二六 『責任論—「自然と倫理」の補遺 第二』(大正四年) 実業之日本社

二七 『人性の自然と我邦の前途—「自然と倫理」の補遺 第三』(大正四年) 大日本学術協会

二八 『加藤弘之自叙伝』(大正五年) 加藤弘之先生八〇歳祝賀会(代表桜井錠二)

以上(主として『加藤弘之自叙伝』の年譜による)のほか、下出隼吉氏の研究によれば、『学問の話』『新文明の利弊』『社会学一班』『昔の蘭学の話』等がある。また『人類論』『雑居尚早』『徳育方法案』『小学校教育改良論』『二百年後の吾人』等の小冊子がある。その他、非売品の『弘之自伝』があり、未発表の論考もすくなくない。

加藤弘之研究文献

浅井　清『明治立憲思想史に於ける英国議会制度の影響』（昭和一〇年）

広浜嘉雄「社会学的法学の濫觴」（法律時報八ノ一一）（昭和一一年）

同「反機関説の一類型」（法学サロン第七号）（昭和一一年）

堀　真琴「明治初期の国家論」（国家学会五十周年記念 国家学論集）（昭和一二年）

加田哲二『明治初期社会思想の研究』（昭和八年）

同『維新以後の社会経済思想概論』（昭和九年）

同『明治初期社会経済思想史』（昭和一二年）

同『日本国家主義の発展』（昭和一三年）

川原次吉郎「明治初期の政治学説」（明治文化研究第二輯）（昭和九年）

同「加藤弘之初期の政治思想、鄰艸に就て」（明治文化研究論叢）（昭和九年）

同「『真政大意』の研究」（明治文化研究第三輯）（昭和九年）

同「加藤弘之著『国体新論』の研究」（明治文化研究第五輯）（昭和一〇年）

同　「人権新説解題」（明治文化全集自由民権篇）（昭和二年）
同　「人権新説駁論集解題」（明治文化全集自由民権篇）（昭和二年）
尾佐竹猛　『維新前後に於ける立憲思想』（大正一四年）
同　『日本憲政史大綱』（昭和一四年）
清水幾太郎　『日本文化形態論』（昭和一一年）
下出隼吉　「鄰艸解題」（明治文化全集政治篇）（昭和四年）
同　「普選への歩み―加藤弘之博士の『鄰艸』」（下出隼吉遺稿）（昭和三年）
同　「真政大意解題」（明治文化全集自由民権篇）（昭和二年）
同　「国体新論解題」（明治文化全集自由民権篇）（昭和二年）
同　「天賦人権説に関しての加藤外山両博士の論争に就いて」（下出隼吉遺稿）（執筆年代不詳）
同　「加藤弘之博士」（社会学雑誌第二三号）
田畑忍　「加藤弘之の女子参政権論」（開化四号）（昭和一二年）
同　「国家統治権に関する加藤博士の説」（同志社論叢五七号）（昭和一二年）
同　「道徳法律進化論の一例」（同志社論叢五八号）（昭和一二年）

同　『加藤弘之の国家思想』（昭和一四年）
同　「神田孝平と加藤弘之」（『学問と大学』）（昭和一六年）
同　「キリスト教攻撃者加藤弘之と同志社」（『学問と大学』）（昭和一六年）
同　「強者の権利の競争」解題（『強者の権利の競争』）（昭和一七年）
同　「利己闘争的民族論」（『日本民族論』）（昭和一八年）
鳥井博郎　『明治政治史』（昭和一一年）
内田繁隆　『日本政治思想史研究』（昭和一四年）
吉野作造　「『交易問答』及び『交易心得草』の英訳に就いて」（明治文化　閑談の閑談）（昭和四年）
同　「加藤弘之とコムミユニズム」（書物展望　閑談の閑談）（昭和六年）
同　「交易問答解題」（明治文化全集経済篇）（昭和四年）
同　「立憲政体略解題」（明治文化全集政治篇）（昭和四年）
蠟山政道　『日本に於ける近代政治学の発達』（昭和二四年）
大杉謹一　「立憲政体と加藤弘之」（歴史教育）（昭和七年）
沼田次郎　『幕末洋学史』（昭和二五年）

遠山　茂樹『明　治　維　新』（昭和二六年）
大久保利謙「加　藤　弘　之」（『近代日本の思想家』）（昭和二九年）
平林　一「加藤弘之についての一考察」（未　刊）（昭和二七年）
松本三之介「加　藤　弘　之」（『日本の思想家』）（昭和二九年）
石田　雄『明治政治思想史研究』（昭和二九年）
源　了円「加藤弘之の倫理思想」（昭和三四年）
太陽臨時増刊「明　治　十　二　傑」（明治三二年）
吉田　曠二『加藤弘之の研究』（昭和五一年）
等々

著者略歴

明治三十五年生れ
昭和二年同志社大学法学部政治学科卒業
同志社大学法学部教授、同法学部長、同大学学長、憲法研究所代表委員等を歴任、法学博士
平成六年没

主要著書
帝国憲法条義　日本国憲法条義　憲法改正論
政治学　政治学研究　議会と革命　非戦永世中立論　児島惟謙

人物叢書　新装版

加藤弘之

昭和三十四年七月二十五日　第一版第一刷発行
昭和六十一年十月一日　新装版第一刷発行
平成七年七月十日　新装版第二刷発行

著者　田畑（たばた）忍（しのぶ）
編集者　日本歴史学会
代表者　児玉幸多
発行者　吉川圭三

発行所　株式会社　吉川弘文館
東京都文京区本郷七丁目二番八号
郵便番号一一三
電話〇三―三八一三―九一五一〈代表〉
振替口座〇〇一〇〇―五―二四四
印刷＝平文社　製本＝ナショナル製本

『人物叢書』(新装版)刊行のことば

人物叢書は、個人が埋没された歴史書が盛行した時代に、「歴史を動かすものは人間である。個人の伝記が明らかにされないで、歴史の叙述は完全であり得ない」という信念のもとに、専門学者に執筆を依頼し、日本歴史学会が編集し、吉川弘文館が刊行した一大伝記集である。

幸いに読書界の支持を得て、百冊刊行の折には菊池寛賞を授けられる栄誉に浴した。

しかし発行以来すでに四半世紀を経過し、長期品切れ本が増加し、読書界の要望にそい得ない状態にもなったので、この際既刊本の体裁を一新して再編成し、定期的に配本できるような方策をとることにした。既刊本は一八四冊であるが、まだ未刊である重要人物の伝記についても鋭意刊行を進める方針であり、その体裁も新形式をとることとした。

こうして刊行当初の精神に思いを致し、人物叢書を蘇らせようとするのが、今回の企図である。大方のご支援を得ることができれば幸せである。

昭和六十年五月

日本歴史学会

代表者 坂本太郎

〈オンデマンド版〉
加藤弘之

人物叢書　新装版

2020年（令和2）11月1日　発行

著　者　田畑　忍（たばた しのぶ）

編集者　日本歴史学会
代表者　藤田　覚

発行者　吉川道郎

発行所　株式会社　吉川弘文館
〒113-0033　東京都文京区本郷7丁目2番8号
TEL　03-3813-9151〈代表〉
URL　http://www.yoshikawa-k.co.jp/

印刷・製本　大日本印刷株式会社

田畑　忍（1902～1994）

ISBN978-4-642-75056-1